# Los derechos sociales

N.º 20
Serie de Teoría Jurídica y Filosofía del Derecho

Antonio Baldassarre

# Los derechos sociales

Presentación de
Luis Villar Borda
Profesor de la Universidad Externado de Colombia

Traducción de
Santiago Perea Latorre

Universidad Externado de Colombia

Tomado de *Diritti della persona e valori costituzionali*, Torino, Giappichelli, 1997, pp. 123 a 221.

ISBN 958-616-541-8

© **ANTONIO BALDASSARRE, 2001**
© **SANTIAGO PEREA LATORRE (traducción), 2001**
© **UNIVERSIDAD EXTERNADO DE COLOMBIA, 2001**
  Derechos exclusivos de publicación y distribución
  Calle 12 n.° 1-17 este, Bogotá - Colombia. Fax 342 4948
  [www.librosuexternado.com]

Primera edición: junio de 2001
Reimpresión: junio de 2004

Diseño de cubierta y composición: Departamento de Publicaciones

**Universidad Externado de Colombia**

**Rector**
Fernando Hinestrosa

**Secretario General**
Hernando Parra Nieto

**SERIE DE TEORIA JURIDICA
Y FILOSOFIA DEL DERECHO
N.º 20**

Serie orientada por

Luis Villar Borda

Director del
Departamento de Gobierno Municipal

**CONTENIDO**

Presentación   9

Capítulo primero
Los derechos sociales y el Estado liberal   15

Capítulo segundo
El reconocimiento de los "derechos sociales" y el proceso histórico de formación y de consolidación del "Estado social"   23

Capítulo tercero
La incomprensión inicial de los "derechos sociales": su pretendida "inconciliabilidad" con el Estado de derecho y su "contraposición" a los derechos constitucionales en sentido propio   33

Capítulo cuarto
Los "derechos sociales" como expresión de la superación del Estado liberal hacia la democracia y el Estado social (o Estado-de-distribución)   49

Capítulo quinto
La superación de la "contradicción" entre Estado de derecho (liberal) y "derechos sociales" en la transición del "Estado-de-derecho formal" al "Estado-de-derecho material" (o "Estado constitucional") ... 57

Capítulo sexto
Los fundamentos normativos generales de los "derechos sociales": el principio de la dignidad humana (art. 2°) y el de igualdad (arts. 3.1 y 3.2) ... 75

Capítulo séptimo
Significado y clasificación de los "derechos sociales" en la Constitución italiana ... 91
   1. *El trabajo* ... 98
   2. *La familia* ... 137
   3. *La escuela* ... 149
   4. *El ambiente de vida personal y colectiva* ... 162

Capítulo octavo
La naturaleza jurídica de los "derechos sociales fundamentales" (libertades sociales, derechos "incondicionados" y derechos "condicionados"): multiplicidad y unidad de su estatuto constitucional ... 183

Indice onomástico ... 209

## PRESENTACIÓN

Ningún momento más oportuno que el actual para la publicación del ensayo del profesor italiano Antonio Baldassarre, sobre los "derechos sociales", cuando en algunos países, incluido el nuestro, parece predominar la tendencia a desmontar el Estado social y desconocer en todas sus proyecciones el carácter de derechos fundamentales de los derechos sociales.

Desde el Estado liberal individualista, que privilegiaba el principio de libertad, siguiendo la filosofía de John Locke, y rechazaba culquier tipo de intervención estatal por el temor de que afectara el ámbito privado y llevara al despotismo, hasta el Estado social de derecho, que resume ese principio con el de igualdad, hay una larga historia de ideas, luchas, avances y retrocesos, que nos describe con erudición y claridad el eminente jurista.

A través de su trabajo se sigue el curso de ese proceso, haciendo patentes las diferencias conceptuales entre los distintos estadios que recorren los derechos sociales y las diversas formas de garantizarlos, perfeccionadas por un modelo de "Estado constitucional" que él también denomina "material".

El rango de derechos constitucionales y su efecto no solo respecto al Estado, sino de los ciudadanos como terceros (*Drittiwirkung*), le dan a los derechos sociales la completa dimensión como derechos fundamentales.

El profesor Baldassarre explica las especificidades de los derechos sociales en la Constitución italiana, tipifica cada uno de ellos en particular y subraya el papel activo de la Corte Constitucional en la ponderación de los derechos mediante su jurisprudencia. Si bien se remite a la experiencia de la interpretación constitucional en Alemania, muestra las diferencias con la concepción italiana.

El profesor Baldassarre fue miembro y presidente de la Corte Constitucional de Italia, y podemos decir que en esta obra se sintetiza tanto su dominio teórico del tema como su práctica en ese alto tribunal. Junto a sus estudios jurídicos en la Universidad de Roma, Baldassarre fue alumno en Estados Unidos del constitucionalista Thomas I. Emerson y el politólogo Robert Dahl. Ha sido profesor en la Universidad de Perugia, y en la Libera Università Internazionale degli Studi Sociali de Roma, donde es catedrático de derecho constitucional. El profesor Baldassarre es internacionalmente conocido por sus numerosos escritos en torno a temas tales como la democracia y el derecho, el Estado social, la ideología constitucional del derecho de libertad y muchos otros referentes al derecho constitucional y la ciencia política, lo mismo que por sus conferencias en diferentes países europeos y americanos, incluida Colombia.

Los debates que se han suscitado en nuestro país a raíz del establecimiento de la Corte Constitucional por la Carta de 1991, y la dinámica actividad jurisprudencial que ha adelantado en estos años, precisamente con el fin de contribuir a realizar la definición de Colombia como Estado social de derecho, acrecientan el interés por las tesis de Baldassarre, así como por toda la experiencia acumulada por las Cortes Constitucionales europeas después de la Segunda Guerra Mundial, muy particularmente las de Alemania, Italia y España. Eso nos permite ver que la corriente que hasta ahora ha predominado en la Corte Constitucional de Colombia no va en contravía, sino por el contrario sigue la corriente de innovaciones que en el ámbito jurídico se han producido en las últimas décadas. Estas por supuesto han de ser ponderadas dentro del marco de las condiciones y circunstancias de cada país, pero sin que ello sea pretexto para permanecer en el atraso o propiciar y defender posiciones anacrónicas.

Esta publicación se hace igualmente en el deseo de fortalecer los vínculos culturales y académicos entre las Universidades de Colombia e Italia, al difundir las concepciones jurídicas y iusfilosóficas renovadoras del derecho en la patria de la latinidad.

*Luis Villar Borda*

## CAPÍTULO PRIMERO
### LOS DERECHOS SOCIALES Y EL ESTADO LIBERAL

En los orígenes del Estado moderno (Estado liberal) la expresión "derechos sociales" no sólo se utilizaba poco o nada en el ámbito de los discursos políticos y jurídicos, sino que parecía incluso algo incomprensible a la luz de las categorías jurídicas y políticas de la época. El concepto de derecho subjetivo –del que las libertades civiles, políticas y económicas constituían en un principio una suerte de sublimación más política que jurídica– se calcaba entonces, de acuerdo con los postulados del individualismo liberal clásico, de la idea de la libertad natural del individuo: es decir de la idea de que la "persona" coincide, desde el punto de vista jurídico, con el "sujeto de voluntad" que crea relaciones jurídicas por medio de su volición (*Willensmacht*, poder de voluntad, actos de voluntad), en cuanto señor absoluto (*dominus*) de la esfera de acciones que se le "reconoce" por el ordenamiento objetivo (*facultas agendi, agere licere*). Respecto de esta concepción "individualista" la ley se consideraba como el elemento de racionalización del contexto, como una norma objetiva neutral que equilibrando los múltiples espacios de libertad de los individuos de tal manera que éstos no se encontraran en conflicto entre sí (ley como límite) hacía posible la acción creadora de los individuos. En otras palabras, para expresarnos con los términos de uno de los primeros críticos de esta concepción positiva, toda la constitución del Estado liberal se fundaba en el paralelismo entre *imperium* y *dominium*, *sovereignity* y *property*, *Herrschaft* y *Eigentum-Freiheit*: así como el soberano tenía poder sobre la colectividad que le estaba sometida respecto de las acciones socialmente (= públicamente) significativas (soberanía), de la misma manera, el individuo era considerado señor de las facultades que el poder público (ordenamiento objetivo) reconocía como propias de la persona de éste, es decir que era señor de sus propias capacidades y de sus bienes o, en pocas palabras, de la esfera de acción atribuida a éste por el ordenamiento objetivo como su propio "espacio vital" (*Lebensraum*) (*propiedad-libertad*)[1].

Es claro que al interior de este cuadro de referencia no podía haber lugar para "derechos sociales", puesto que hipotizar una prestación social como objeto o contenido de un derecho subjetivo y, al mismo tiempo, configurar una pretensión o un poder dispositivo respecto del soberano (legislador) contradecían los principios de fondo

---

[1] Cfr. L. Duguit. *Il diritto sociale, il diritto individuale e la trasformazione dello Stato* (1922), trad. italiana 1950, pp. 49 ss.

en los cuales se apoyaba todo el andamiaje jurídico, en especial la idea de una suerte de "monopolio público" de las acciones socialmente/políticamente significativas.

De esta manera se explica por qué también en las muy escasas (y nunca efectivas) constituciones de la época en que aparecieron originariamente los "derechos sociales" – en especial el derecho a la instrucción, el derecho al trabajo o el derecho a la asistencia en caso de necesidad– éstos nunca se concibieron, y tampoco se denominaron, como derechos (subjetivos) propiamente dichos, sino más bien como deberes (unilaterales) de la sociedad, si bien enfáticamente definidos como sagrados e inderogables, para con ciertos grupos de ciudadanos especialmente necesitados (cfr. arts. 21 y 22 Constitución francesa de 1793). Si se trata de comprender el sentido de estas normas con las categorías jurídicas propias de la época a que nos venimos refiriendo, la diferencia planteada de esta manera es sustancial, no puramente formal: puesto que mientras que los derechos (subjetivos) nacían, para la ideología de entonces, sólo en el campo de la libertad, los deberes públicos se enraizaban en el terreno de la igualdad, es decir que se derivaban de un principio que, si bien no se resolvía en la igualdad jurídica (y por tanto en la paritaria y abstracta posibilidad de ser titulares de los derechos y de las libertades individuales), constituía simplemente un criterio directivo de la acción pública, un criterio en todo caso residual respecto del valor fundamental de la libertad (negativa).

La construcción jurídica e ideológica apenas descrita no era simplemente el fruto de una elección política abstracta o de una opción ideológica atribuible a esta o aquella clase, sino que reflejaba más bien un estado de cosas objetivo. En la época del Estado liberal la mayor parte de las prestaciones de que constan los modernos "derechos sociales" se erogaba por instituciones no-públicas, como la familia u otras organizaciones "privadas" (por lo general religiosas) de caridad o de beneficencia, a tal punto que se ha hablado con razón, respecto de ese entonces, de un "sistema privado de asistencia social (*Welfare*)", cuyo predominio no se veía de ninguna manera puesto en peligro por las también existentes prestaciones asistenciales provenientes de entidades públicas o del Estado[2].

En esta combinación con predominio privado, como la definió Richard Rose, faltaban todas las premisas sociales (además de jurídicas, como ya hemos visto) para que las prestaciones de asistencia social pudieran configurarse como objeto de un "derecho" –precisamente, de "derechos sociales"– por el hecho de que el título para la erogación de esas prestaciones era en todo caso algo que no se podía construir como una pretensión jurídica, por tratarse ya de una relación fundamentalmente afectiva (familia), ya de una vocación espiritual o ética

---

[2] Cfr. R. Rose. "Il ruolo dello Stato del 'Welfare Mix'", en A. Baldassarre. *I limiti della democrazia*. Bari-Roma, 1985, pp. 143 ss.

hacia la caridad (instituciones religiosas o de voluntariado social), ya de una elección política unilateral de los gobernantes *pro tempore* (instituciones de asistencia pública). Y también cuando la prestación "social" seguía los caminos del mercado (por ejemplo, recurso a un médico con contraprestación económica), el modelo contractual que estaba a la base y la conexa libertad de los contratantes de dar vida a la relación obligatoria respectiva excluían la posibilidad misma de hipotizar un fundamento constitucional (normativo) dotado de la fisonomía de un derecho subjetivo originario ("social"). Este elemento, por lo demás, era común a todas las hipótesis apenas analizadas, puesto que, cualquiera que fuera su efectiva justificación (impulso afectivo del alma, espíritu de caridad, etc.), su consistencia jurídica se debía a una actividad voluntaria tanto respecto del *si* (*an*) como del contenido (*quid*).

La fuerza real de este estado de cosas era tal que las más importantes teorías políticas críticas del Estado liberal, o incluso del capitalismo como tal, compartían con las teorías opuestas una subvaloración, si no un verdadero cierre ideológico, respecto de cualquier evolución del sistema entonces existente hacia un sistema de asistencia de naturaleza pública: una subvaloración que se reflejaba en la escasísima confianza, en relación con el desarrollo del sistema político y económico, en la redistribución del ingreso y, en especial, frente a una política activa de intervención pública centrada en los procesos distributivos. Esta convicción, común a personalidades tan diferentes entre sí como Locke y Ricardo, Proudhon y Marx, partía de la premisa compartida de que la distribución es una suerte de implicación de la producción, y en especial de la organización productiva, de tal modo que toda intervención del Estado limitada a los procesos distributivos habría podido introducir efectos irracionales o habría sido inútil o insuficiente, ante los ojos de los reformadores, para obtener la transformación del sistema.

Esto explica de manera suficiente que la evolución hacia una forma de organización constitucional en la que se reconoce a los "derechos sociales" un papel central (es decir la evolución hacia lo que después se denominó "Estado social") haya sido más bien fruto de un conjunto de procesos prácticos, y no de precisas prefiguraciones teóricas. Sin restarle nada a algunas luminosas anticipaciones ideales, como las de las constituciones de los Estados americanos (sobre el así llamado derecho a la felicidad) y de la Constitución jacobina durante la Revolución francesa (Constitución de 1793), o de ciertos participantes en los movimientos liberales de 1848 (como Stephan Borns durante la convención de la *Paulskirche* en Franckfurt), o de pensadores como Thomas Paine, James Stuart Mill o Johann G. Fichte, o, más aún, de teóricos del socialismo –como Victor Considérant, Charles Fourier, Louis Blanc, J. P. Proudhon, G. D. Cole o Harold Laski–, de teóricos del liberalismo como John Stuart Mill, o del pluralismo social como Georges Gurtvich, o, por último, de diferentes corrientes cristiano-sociales (como la liderada en el siglo XIX por el obispo von Ketteler), lo que se quiere decir es que el reconocimiento de los "derechos sociales" y la institución de una organización constitucional que los asumiera como valores fundamentales (Estado social) fueron más el resultado de numerosos impulsos, a menudo en contraste en sus intenciones, que la consecuencia de la acción de un movimiento político y social específico y unívoco[3].

---

[3] Cfr., por ejemplo, C. Offe. "Alcune contraddizioni del moderno Stato Assistenziale", en A. Baldassarre y A. A. Cervati (eds.), *Critica dello Stato Sociale*, Bari, 1982, pp. 4 ss.; M. Lund. "The tenacious Welfare State", en *The Public Interest*. Fall., 1982, pp. 131 ss.

## CAPÍTULO SEGUNDO
## EL RECONOCIMIENTO DE LOS "DERECHOS SOCIALES" Y EL PROCESO HISTÓRICO DE FORMACIÓN Y DE CONSOLIDACIÓN DEL "ESTADO SOCIAL"

En el curso del medio siglo comprendido entre los años 80 del siglo XIX y los años 30 del XX, casi todos los Estados de origen liberal realizaron las principales reformas legislativas y sociales que representaron las premisas esenciales para la institución de un moderno "Estado social". El proceso, como resulta de la cronología misma, tuvo motivaciones autónomas e independientes de los eventos y de las teorizaciones que se inspiran en el socialismo revolucionario, que conducirán más tarde a los amplios catálogos de "derechos sociales" propios de las constituciones soviéticas y de sus semejantes. Si bien estos últimos sucesos han tenido una influencia indudable en las tendencias constitucionales ligadas a la formación del "Estado social" o, por lo menos, en su formulación constitucional (como resulta evidente de los trabajos preparatorios de la Constitución de Weimar), es difícil negar una autonomía fundamental del fenómeno, que se refleja tanto en la diferente concepción jurídico-constitucional como en el variopinto frente que favoreció su nacimiento. Los gobiernos que con mayor fuerza impulsaron el reconocimiento de los "derechos sociales" fueron sumamente diferentes desde el punto de vista ideológico: en Alemania el seguro obligatorio para todos los trabajadores de la industria, para los inválidos y para los ancianos se promovió (desde 1881) y luego se introdujo (con dos leyes, de 1884 y 1889) por el conservador Bismark; en Italia los primeros desarrollos fundamentales fueron obra de gobiernos conservadores (basta pensar en la ley Crispi de 1890) y sobre todo del régimen fascista; en Inglaterra y en Francia los mayores esfuerzos en esta dirección fueron obra de gobiernos predominantemente socialistas; en los Estados Unidos de América fue esencial la experiencia de una presidencia liberal-progresista como la de F. D. Roosevelt; por último, no puede olvidarse la gran contribución en este sentido por parte de gobiernos dominados por partidos católicos, en especial en Alemania, Italia, Bélgica y Holanda[4].

De manera análoga, las fuerzas sociales que con mayor fuerza impulsaron la realización del "Estado social" y de sus postulados naturales en términos de derechos fueron así mismo variopintas y a menudo motivadas por

---

[4] Para un análisis sintético al respecto, cfr. H. L. Wilensky. *Leftism, Catholicism and Democratic Corporatism: The Role of Political Parties in Recent Welfare State in Europe and America*. New Brunswick-London, 1981, trad. italiana, Bologna, 1983, pp. 345 ss.

intenciones diferentes, si no opuestas: empresarios y empleadores, propensos a descargar en las instituciones públicas (y por tanto en todos los ciudadanos) la carga de prestaciones sociales cuya erogación habría tenido para ellos la ventaja de reducir los costos del trabajo, de prevenir la conflictividad social y de regular las de otra manera incontrolables dinámicas relativas al acceso y a la salida del mercado del trabajo en tiempos de grave crisis y de grandes reconversiones industriales (no es casual que los principales "derechos sociales" hayan sido propugnados o reconocidos como consecuencia de dos crisis económicas gigantescas: la de 1873 y la de 1929); los sindicatos del sector industrial, deseosos de dar respuestas inmediatas, en términos de servicios y de derechos, a la tumultosa masa de trabajadores que las revoluciones industriales del siglo XIX habían transformado en un sujeto social y político de importancia crucial; los directivos de las administraciones públicas que, impulsados ya por contagiosas ideologías tecnocráticas o por necesidades prácticas inaplazables coadyuvaron a la realización de una organización estatal cada vez más potente y eficiente, en condiciones de erogar servicios sociales, al lado de las prestaciones de autoridad tradicionales, y capaz de legitimar su acción con una respuesta racional e imparcial a las expectativas y a los derechos (sociales) de los ciudadanos; diferentes movimientos de democratización del Estado, que lucharon con éxito por la garantía de la "libertad positiva" y por la ampliación de la participación política, así como por la asimilación de las finalidades del progreso social y de la igualdad entre ciudadanos por parte de los paradigmas de legitimación del poder político.

En breve, la formación del "Estado social" y el reconocimiento de los "derechos sociales", lejos de tener un sello ideológico particular, representaron las respuestas en términos de modernización que, en una medida más o menos comprensiva, todos los viejos Estados liberales proporcionaron frente a dos fenómenos fundamentales de la época contemporánea: la industrialización, con sus diferentes implicaciones económicas, sociales y políticas, por una parte, y la democratización de los procesos de decisión, por otra[5]. Por tanto, si en el plano de las ideas políticas el "Estado social" ha representado un compromiso entre las reivindicaciones opuestas propugnadas por las principales clases sociales[6] o, para permanecer dentro de las categorías constitucionales, una relativización histórica de las necesidades opuestas de decisionismo y pluralismo, de libertad e igualdad[7], y si, por lo tanto, se puede concebir de manera legítima como un episodio de la historia de la civilización, en cualquier caso transitorio y reversible (este es el aspecto que subrayan en forma

---

[5] En este juicio convergen hoy por hoy los principales análisis sobre el Estado social, expresados últimamente en los ensayos recogidos en P. Flora y A. J. Heindenheimer (eds.). *The Development, cit.*; A. Baldassarre y A. A. Cervati (eds.), *Critica, cit.*
[6] C. Offe, *Alcune contraddizioni, cit.*, pp. 3 ss.
[7] A. Baldassarre. "Lo Stato sociale: una formula in evoluzione", en A. Baldassarre y A. A. Cervati (eds.), *Op. cit.*, pp. 25 ss.

unilateral los críticos "neo-liberistas" como Friedman y von Hayek, que plantean el desmantelamiento del "Estado social" como tarea primaria de los gobiernos de nuestros días), sin embargo no se puede olvidar que el "Estado social" surge como "resolución" política de problemas prácticos de dimensiones formidables, que aún están presentes en el escenario histórico (y tal vez tienden incluso a reforzarse) y que, en ausencia de respuestas eficaces dotadas de un alcance análogo al del "Estado social", correrían el riesgo de explotar. En pocas palabras, el "Estado social" es la respuesta político-constitucional frente a la inseguridad social creciente y objetiva, que constituye el subproducto, al parecer difícilmente eludible, tanto de los desequilibrios de poder que implica el libre juego de las fuerzas sociales y la incertidumbre implícita en los mecanismos espontáneos del mercado (con las consiguientes crisis cíclicas y las así mismo cíclicas reconversiones de la organización productiva y del trabajo) como de la inestabilidad de los valores implícita en las dinámicas culturales aceleradas (rápida transformación de los valores) propias de sociedades, como las regidas por regímenes políticos democráticos y por sistemas económicos capitalistas, que se caracterizan por una creciente apertura recíproca (con un amplio intercambio de valores éticos) y por ritmos de desarrollo de las condiciones de vida extraordinariamente veloces (con un aumento formidable de los *cleavages* generacionales y el correlativo aumento para los individuos del riesgo de "aislamiento", cuando no de "abandono", por parte de lo social).

Puesto que las causas de la inseguridad social no parecen en absoluto estar destinadas a disminuir, sino que, por el contrario, de acuerdo con fundamentadas hipótesis de desarrollo –como la que prospecta una tendencia demográfica hacia una "sociedad de ancianos" o la que se refiere a la transición hacia una sociedad con amplios sectores sociales "post-industriales" (que aparecen sin duda más fluidos y menos "reglamentables" que los estamentos productivos "industriales")–, tienden a reforzarse, las hipótesis de desmantelamiento del "Estado social" son esencialmente teóricas o, para mayor precisión, ideológicas. La perspectiva más realista, como por otra parte resulta de la práctica realmente seguida por los gobiernos que se inspiran en el "credo" neo-liberalista, es entonces la de una transformación de las proporciones actualmente existentes entre los componentes internos de la estructura del "Estado social"[8], además de una redefinición y renovación de las modalidades de acción (más espacio para las acciones sociales y para el sector *non-profit*), así como de los valores de referencia ("retorno" al valor de la necesidad), propios del tradicional "Estado asistencial"[9]. Ello basta, en cualquier caso, para concluir

---

[8] R. Rose, *Il ruolo, cit.*, pp. 150 ss.
[9] Cfr., por ejemplo, R. Inglehart. "Postmaterialism in an Environment of Insecutity", en *American Political Science Review*, 1981, p. 880; A. Baldassarre. *Lo Stato sociale, cit.*;

que el "Estado social" y sus axiomas, es decir los "derechos sociales", son características constitucionales dotadas de una gran (y acaso mayor) estabilidad en los ordenamientos democráticos modernos y están lejos de representar una superestructura en convivencia problemática con los principios del "Estado de derecho" subyacentes, por lo menos si éstos se interpretan, ya no en el sentido del siglo XIX, sino en el significado que ellos adquirieron tras la evolución que se produjo en las modernas democracias pluralistas.

No obstante esta conclusión, no se puede negar, sin embargo, que por mucho tiempo los "derechos sociales" se abordaron por la doctrina constitucional como algo no comprensible en su esencia jurídica y no asimilable a las concepciones corrientes del derecho subjetivo[10]. En otras palabras, a los "derechos sociales" les correspondió la misma suerte que a los "derechos de libertad", si bien casi un siglo después[11]: al tomarse en sus orígenes como

---

M. Baldassarre. "Per un Welfare State fondato sulla selezione degli obiettivi e il controllo dell'efficienza", en A. Baldassarre (ed.), *I limiti, cit.*, pp. 176 ss.; G. Ruffolo, *La qualità sociale*, Bari, 1985, pp. 245 ss.

[10] Esta posición, muy difundida en la doctrina alemana, ha penetrado ampliamente en la doctrina italiana: para dos ejemplos ilustres en los dos campos véanse C. Schmitt. *Verfassungslehre, cit.*, München-Leipzig, 1928 (reimpresión, Berlin, 1954), p. 169; P. Calamandrei. "Il significato costituzionale del diritto di sciopero", en *Rivista giur. lav.*, 1952, I, p. 233.

[11] Casi hasta fines del siglo XIX, la doctrina europea le ha negado la cualidad de derechos en sentido jurídico también a las libertades, reconociéndoles el mero rango de "principios políticos" o, a lo sumo, de "principios programáticos". Cfr., por ejemplo,

algo fundamentalmente extraño a la lógica de los sistemas jurídicos entonces en vigor, se concibieron en un comienzo como principios meramente políticos, es decir como posiciones jurídicamente (constitucionalmente) no estructuradas, abandonadas, para su reconocimiento efectivo (y no sólo para su garantía concreta), a la libre discrecionalidad del legislador. La analogía del advenimiento histórico de los unos como de los otros derechos presenta numerosas y significativas coincidencias, como se verá ampliamente más adelante. Lo que se quiere subrayar por lo pronto es que, sin duda alguna, a las dificultades en la comprensión del significado de los derechos sociales ha contribuido su codificación tardía e insuficiente en las constituciones escritas.

En efecto, si bien muchos "derechos sociales" habían sido ampliamente reconocidos y de alguna manera garantizados por leyes ordinarias específicas, en vigor desde finales del siglo XIX y la primera mitad del siglo XX, su constitucionalización generalizada en los Estados de origen liberal (con la excepción breve pero fundamental de la experiencia de la Constitución de Weimar de 1919, retomada por la Constitución española de 1931 y por la irlandesa de 1937) se produce sólo con las cartas constitucionales emanadas en Europa (Francia, Italia y Alemania Occidental, y más tarde España), en seguida

---

A. Esmein. *Droit constitutionnel*. Paris, 1909, 5a. ed., pp. 492 ss.; A. Morelli. "Che cosa sono le libertà civili", en *Archivio giuridico*, LXII, 1899.

después de la Segunda Guerra Mundial. De otra parte, si se atiende a su racionalización jurídica, ésta se produce aún más tarde, alrededor de los años 60 del siglo XX. Las constituciones mencionadas, en efecto, dejan generalmente indeterminados múltiples aspectos relativos a los derechos que nos ocupan y, ante todo, abundan en "ambigüedades" (que derivan, por ejemplo, de su diferente ubicación y, a veces, de su diferente cualificación respecto de los tradicionales derechos de libertad), precisamente en relación con la definición sustancial de los mismos "derechos sociales", de tal manera que es preciso aguardar la obra de la jurisprudencia (en especial de la constitucional) para poder reconocer a los derechos en cuestión un estatuto conceptual apropiado, en condiciones de sacarlos del limbo de lo prejurídico o, en todo caso, de las incertidumbres definitorias en que hasta entonces se movían.

## CAPÍTULO TERCERO
### LA INCOMPRENSIÓN INICIAL DE LOS "DERECHOS SOCIALES": SU PRETENDIDA "INCONCILIABILIDAD" CON EL ESTADO DE DERECHO Y SU "CONTRAPOSICIÓN" A LOS DERECHOS CONSTITUCIONALES EN SENTIDO PROPIO

La primera aproximación a la definición jurídica de los "derechos sociales" se presenta en la Constitución de Weimar (1919). Si hasta ese momento los raros episodios de reconocimiento de los "derechos sociales" habían sido considerados como desarrollo de principios meramente políticos de justicia social, a partir de Weimar la doctrina y la jurisprudencia alemanas intentan proporcionar una definición jurídicamente pertinente y, en especial, evaluar la posible convivencia con los principios fundamentales del "Estado de derecho" así como se habían interpretado durante la época liberal. Sin embargo, la chata y no sintetizable yuxtaposición que contiene la Constitución de Weimar entre los clásicos derechos fundamentales del individuo y los nuevos "derechos sociales", así como la formulación (en sentido programático y de exigencia general, más que de derechos) y la ubicación (en la segunda parte) de las normas relativas a estos últimos, indujeron a la doctrina de la época a oscilar entre dos concepciones, no demasiado distantes entre sí: 1. Una primera teoría identificaba en las normas relativas a los "derechos sociales" proposiciones carentes de un significado constitucional específico, en el sentido que, lejos de fundar derechos fundamentales propiamente dichos, se consideraba que contenían *premisas* o *indicaciones* o *directivas* (las así llamadas *Programmsätze*), que sólo el legislador, sobre la base de su plena discrecionalidad, podía traducir en preceptos normativos y por tanto en derechos propiamente dichos: en otras palabras, al contrario de los derechos de libertad clásicos, que se definían como derechos constitucionales y fundamentales en sentido propio, los "derechos sociales" eran, de acuerdo con esta teoría, meros "derechos legales" (*gesetzekräftige Rechte*), es decir posiciones configurables como derechos sólo en razón de la ley ordinaria (que los regularía en el futuro), y no de la Constitución[12]; 2. Otra concepción configuraba los "derechos sociales" como normas de principio que vinculan al legislador ordinario (*Staatszielbestimmungen oder Gesetzbungsaufträge*), en el sentido que este último se consideraba obligado a

---

[12] Cfr. G. Anschütz. *Die Verfassung des deutschen Reichs*, 14ª ed., Berlin, 1933, p. 584; R. Thoma. "Das System der subjektiven öffentlichen Rechten und Pflichten", en G. Anschütz y R. Thoma. *Handbuch, cit.*, II, Tubingen, 1932, p. 616; C. Schmitt. *Verfassungslehre, cit.*, pp. 212 ss.; del mismo, *Grundrechte und Grundpflichten*. (1932), ahora en *Verfassungsrechtliche Aufsätze*, Berlin, 1958, pp. 169 ss.

desarrollarlas, tratándose de normas de principio que cualifican la forma de Estado y, por tanto, jurídicamente relevantes en la interpretación de los valores constitucionales por traducir en leyes ordinarias[13].

Aunque conceptualmente distintas, cuanto menos porque la segunda teoría le confiere un mínimo de relevancia jurídico-constitucional a los "derechos sociales", en el plano práctico las dos concepciones tienden a coincidir. Ante todo, porque ambas niegan, de manera general, que estos "derechos" puedan tener una tutela inmediata y ser accionables directamente. En segundo lugar, porque tanto la una como la otra exigen como necesaria la intervención del legislador, pues sólo sobre la base de ésta tales "derechos" pueden tomar forma y traducirse en determinadas pretensiones jurídicas. Por último porque, al no existir ningún instrumento jurídico en condiciones de obligar al legislador a adoptar determinadas normas las dos teorías terminan, en esencia, por reconocer a las declaraciones sobre los "derechos sociales" un valor fundamentalmente político-constitucional (entendido como contrapuesto a jurídico-constitucional). Se entiende así el consenso unánime con que los juristas de Weimar negaban que los "derechos sociales" pudieran de alguna manera ponerse en el mismo

---

[13] Cfr. W. Kaskel. *Arbeitsrecht*, 2ª ed., Berlin, 1925, p. 53; así como los trabajos, en especial el de A. Wieruszovski, recogidos en H. C. Nipperdey (ed.). *Die Grundrechte und Grundpflichten der Reichsverfassung*, I, Berlin, 1930.

plano de los "derechos de libertad" clásicos: respecto de éstos, aquellos se situaban sin duda en un nivel inferior, tanto desde el punto de vista de la tutela de las garantías como (y ello es particularmente importante) desde el punto de vista de su rango (que era, para los "derechos sociales", fundamentalmente "legislativo", no constitucional).

La explicación sistemática de esta conclusión reductiva resultó en seguida clara para quien interpretaba de manera correcta el reconocimiento de los "derechos sociales" como un momento esencial del proceso de democratización[14], y no como expresión de un compromiso en la lucha entre liberalismo y socialismo, como en el apasionado y tumultuoso período weimariano tendían a ver los más[15].

Pero, si bien las condiciones históricas y las fisonomías constitucionales propias de los ordenamientos democráticos surgidos en la segunda posguerra eran en extremo diferentes de las weimarianas (como se verá más adelante), ciertos estereotipos de valoración (en realidad originados por los mismos debates constituyentes) y las difusas dificultades de la doctrina jurídica de entonces (que, no es casual, se había formado entre los años 20 y 30) en la comprensión cabal de las novedades de los sistemas democráticos, no sólo respecto del período fascista sino

---

[14] Cfr. H. Kelsen. *I fondamenti, cit.*, (1929), trad. italiana, Bologna, 1955, pp. 101 ss.
[15] Véase, por ejemplo, C. Schmitt, *Grundrechte, cit.*, p. 169, quien denominaba los derechos en cuestión "derechos socialistas", por supuesto de manera equivocada.

ante todo de los regímenes liberales clásicos, indujeron a las primeras interpretaciones afirmadas tras la entrada en vigor de las constituciones democráticas a repetir de alguna manera los estándares de juicio prevalecientes durante la experiencia de Weimar. A decir verdad, con una diferencia fundamental: mientras en los años 20 la relación entre los derechos de libertad clásicos y los nuevos "derechos sociales" se vio como un "mal compromiso" entre liberalismo y socialismo, cuya "contradicción insoluble" debía resolverse considerando sólo a los primeros como "derechos fundamentales propiamente dichos" y reduciendo a los segundos a "principios programáticos" dirigidos esencialmente al legislador futuro, en seguida después de la entrada en vigor de las constituciones democráticas, el mismo resultado se obtuvo interpretando la relación entre los dos géneros de derechos como una oposición (inconciliable) entre los principios del "Estado de derecho" y los del "Estado social" o, para usar términos más precisos, entre los principios del "Estado (de derecho) liberal" y los del "Estado (social) democrático" (si se considera que el "Estado social" es una forma histórica de los sistemas democrático-pluralistas).

La formulación más clara de esta posición se debe a un autorizado constitucionalista alemán de la generación anterior[16]. Puesto que los derechos fundamentales clásicos

---

[16] Cfr. G. Leibholz. *Der Strukturwandel der modernen Demokratie*, (1952), ahora en

—nos dice éste— se basan en la idea de *libertad* (negativa) y los sociales en la idea democrática ("radical-igualitaria", en los términos de Leibholz) de *igualdad*, y puesto que estos últimos "derechos" implican inevitablemente límites y vínculos (no sólo frente al Estado, sino también) frente a los portadores originarios de las libertades fundamentales, entre los "derechos liberales" y los "sociales" existe una "tensión (que) es necesariamente y en último análisis irresoluble (*unaufhebbar*)". De ahí que esta oposición pueda desaparecer sólo con la negación de uno de los términos de la misma. Si se considera que solamente la libertad, y no la igualdad, constituye la posición originaria —tanto que, a diferencia de los "derechos liberales", los "sociales" son "derechos de *status*", "derechos de participación" (*Teilhaberechte*) democrática y, en cuanto tales, no son "garantizados" por el Estado sino "concedidos"—, y si se considera que sólo los "derechos de libertad", a diferencia de los "derechos sociales", se contraponen esencialmente a los principios de un Estado totalitario, no cabe duda, para esta teoría, que, de acuerdo con su naturaleza y su *ratio*, los "derechos sociales" no son derechos fundamentales propiamente dichos, sino más bien "principios programáticos" que, además de tener eficacia como reglas de interpretación constitucional, imponen al legislador su desarrollo, su concreción y gradación.

---

*Strukturprobleme der modernen Demokratie*, 3ª ed., Karlsruhe, 1967, pp. 87 ss. y 130 ss., de donde se toman las citas que siguen.

Esta posición, ampliamente difundida tanto en Alemania Occidental como en Francia y en Italia, en especial en la primera fase de la experiencia constitucional democrática[17], mientras capta de manera correcta un elemento contradictorio entre un sistema fundado en la "libertad negativa" y uno democrático inspirado en los principios del "Estado social"[18], al mismo tiempo demuestra la incapacidad de superar los límites tradicionales del "Estado de derecho (liberal)" y de reinterpretar esta fórmula a la luz de las transformaciones objetivas que implica la aparición de los sistemas de

---

[17] Cfr., como ejemplos ya clásicos, E. Friesenhahn. "Die politischen Grundlagen im Bonner Grungesetz", en *Recht-Staat-Wirtschaft*, II, Stuttgart, 1950, pp. 178 ss.; K. G. Wernicke. "Art. 20", en AA. VV. *Kommentar zum Bonner Grundgesetz*, Hamburg, 1968, nt. 2, lit. d, *sub* art. 20; O. Bachof. "Freiheit des Berufs", en Bettermann, Nipperdey y Scheuner (eds.). *Die Grundrechte*, III, Berlin, 1958, p. 169; E. Forsthoff. *Stato di diritto in trasformazione*, (1964), trad. italiana, Milano, 1973, pp. 31 ss., cuya posición es en realidad una reformulación de la teoría de Carl Schmitt en el contexto modificado de Bonn; H. Krüger. *Allgemeine Staatslehre*. Stuttgart, 1964, pp. 531 ss.; U. Scheuner. "Die neure Entwicklung des Rechtsstaats in Deutschland", en Forsthoff (ed.). *Rechtsstaatlichkeit und Sozialstaatlichkeit*. Darmstadt, 1978, pp. 329 ss.; así como, más recientemente, J. Lücke. "Soziale Grundrechte als Staatszielbestimmungen und Gesetzgebungsaufträge", en *Aör*, 1982, pp. 27 ss.; J. Rivero y G. Vedel. *Les problémes économiques et sociaux et la Constitution*. Paris, 1947, p. 20; G. Burdeau. *Manuel de droit publique*. Paris, 1948, p. 292; A. Hauriou. *Droit constitutionnel et institutions politiques*. Paris, 1966, pp. 187 ss.; M. Duverger. *Institutions politiques et droit constitutionnel*. 7ª ed., Paris, 1963, p. 466; G. Ripert. *Les forces créatrices du droit*. Paris, 1955, p. 189; Gaet Azzariti. "La nuova costituzione e le leggi anteriori", en *Foro italiano*, 1948, IV, p. 84; C. Esposito. *La Costituzione italiana*. Padova, 1954, pp. 18 ss.; M. Mazziotti. *Diritto al lavoro*. Milano, 1956, pp. 108 ss.; P. Biscaretti di Ruffia. *Diritto costituzionale*, 7ª ed., Napoli, 1968, p. 754; G. U. Rescigno. *Costituzione italiana*. Roma, 1973, p. 124.

[18] Una contradicción que, como hemos dicho, ya había identificado con precisión H. Kelsen, *I fondamenti*, *cit.*, p. 101.

democracia pluralista. En gran parte, ello se debe a la percepción poco clara de la enorme distancia que corre entre la democracia pluralista (liberal) y la "totalitaria"[19] y a la consiguiente reducción del principio democrático, como tal, al igualitarismo más radical o, al contrario, al modelo liberal-decimonónico (como en el caso de Forsthoff o de Rescigno), como si una democracia de cuño liberal no estuviera en condiciones de desarrollar constitucionalmente un principio de justicia social[20]. Pero, por otra parte, la razón reside en el enraizamiento total y acrítico de los análisis mencionados en las categorías jurídicas maduradas en el período histórico particular del "Estado de derecho liberal". Es más, este último elemento es tan fuerte que explica por qué incluso las teorías que se oponían intencionalmente a la dominante, en el sentido que buscaban alguna eficacia "preceptiva" de los "derechos sociales", terminaron por plantear formulaciones que, al no hacer mella en las premisas ideales y categoriales de la teoría dominante, aparecen íntimamente incoherentes, además de no ser idóneas para alcanzar el fin perseguido.

Al decir esto nos referimos ante todo a aquella teoría que, al intentar superar el abismo que establece la doctrina

---

[19] Sobre ésta existen estudios ya clásicos, como el de J. Talmon, *Le origini, cit.*, (1952), trad. italiana, Bologna, 1967.
[20] Con razón subrayan este último aspecto, en forma crítica, M. Mazziotti. "Diritti sociali", en *Enciclopedia del diritto*, XII, Milano, 1964, p. 806; y M. Luciani. "Il diritto costituzionale alla salute", en *Diritto Soc.*, 1980, pp. 771 ss.

dominante entre los "derechos de libertad" clásicos y los "derechos sociales", ha intentado reconstruir también estos últimos como posiciones subjetivas, si bien más atenuadas. Así, partiendo de la premisa que las "normas programáticas", lejos de tener una eficacia constitucional despotenciada o diferida, son en realidad normas que regulan un sector particular del ordenamiento, precisamente el de las actividades estatales relativas a determinadas materias (salud, trabajo, etc.), aquella teoría configura los "derechos sociales", que se basan en tales normas, como "intereses constitucionalmente protegidos": se trataría, más en concreto, de posiciones subjetivas de rango constitucional construidas en perfecto paralelismo con los intereses legítimos del derecho administrativo, en el sentido que representarían expectativas jurídicas que les derivan a ciertos sujetos como reflejo o resultado de las normas (constitucionales) que imponen al titular de un poder público (en este caso el legislador) la satisfacción de determinado interés colectivo, así como el deber de proporcionar las condiciones y las modalidades de ejercicio de la función respectiva[21].

A decir verdad, esta teoría –formulada sólo en Italia, con un éxito que fue mucho más allá del momento particular que la había inspirado[22]–, si bien tiene el mérito

---

[21] Cfr. Crisafulli. *La costituzione e le sue disposizioni di principio*, Milano, 1952, pp. 75 ss.
[22] Tanto como para ser la ascendiente directa de teorías más contagiosas, si bien improbables, sobre la "funcionalización del poder legislativo"; cfr. C. Mortati. *Le*

de superar la inconcebible representación de las normas sobre los "derechos sociales" como normas con destinatarios especiales, es decir como normas dirigidas sólo al legislador, y no a la generalidad de los sujetos del ordenamiento jurídico[23], así como de anticipar las opiniones sucesivas sobre la no-heterogeneidad sustancial entre "derechos de libertad" clásicos y "derechos sociales", no resulta adecuada para el fin que se propone. Ante todo porque, como se ha observado correctamente[24], paga las consecuencias de despotenciar los "derechos sociales": de la configuración de derechos subjetivos propiamente dichos a la de intereses legítimos (más aún si se piensa que éstos se conciben, no como una posición jurídica "final" o en cualquier caso ligada a un derecho subjetivo o a un interés inmediato de determinados sujetos, sino como una posición del todo "instrumental" respecto de una función pública, según la teoría administrativista más tradicional). En segundo lugar, porque no tiene en la debida cuenta la diferencia sustancial que corre entre el poder legislativo y el administrativo: mientras éste, como se sabe, está obligado a (en el sentido que *debe*) proveer a la tutela del interés público especial que se le atribuye,

---

*leggi provvedimento*. Milano, 1968; A. Agro. "Commento all'art. 3, 1° comma", en *Commento costituzionale Branca*, Bologna-Roma, 1975, pp. 123 ss.

[23] Cfr. para esta observación C. Lavagna. "Efficacia della Costituzione con particolare riguardo all'art. 25, comma 2", en *Giustizia penale*, 1948, pp. 179 ss.; V. Crisafulli, *op. cit.*, p. 67; G. Lombardi. *Potere privato*. Torino, 1970, pp. 20 ss.

[24] Cfr. G. Lombardi, *Op. cit.*, pp. 23 ss.

tanto que respecto de este cuidado específico no puede ostentar ninguna libertad sobre el *si*, y tiene una discrecionalidad que puede siempre controlarse jurisdiccionalmente, el poder legislativo, por el contrario, tiene en todo caso una libertad de evaluar si adoptar o no una cierta legislación, la cual está sustraída a todo control jurisdiccional, por el simple hecho que el legislador posee un libertad incuestionable de evaluar el interés general y las circunstancias que lo inducen a legislar. Sobre la base de esta observación resulta evidente que la teoría en cuestión tampoco logra superar el obstáculo de la intervención necesaria del legislador (ordinario) con el fin de hacer accionables las pretensiones ligadas a "derechos sociales" (es decir con el fin de configurar a éstos como verdaderos derechos subjetivos de rango constitucional) y, por tanto, no logra decir nada esencialmente diferente de las teorías de los "derechos sociales" como "derechos legales", es decir basados en la ley ordinaria[25].

Contra este escollo naufragaron también otras teorías, que a decir verdad tuvieron mucho menor espacio en la doctrina: una es aquella que, retomando el modelo de los

---

[25] Diferente de la recién examinada es la teoría de C. Lavagna. *Istituzioni di diritto pubblico*, 5ª ed., Torino, 1982, pp. 425 ss., espec. 428, en donde habla de "situaciones jurídicas constitucionalmente recomendadas": se trata, en cualquier caso, de una teoría que, si bien presenta una formulación y una descripción originales, no se diferencia, desde el punto de vista estrictamente jurídico, de las que identifican en los "derechos sociales" exhortaciones o programas dirigidos principalmente al legislador.

"derechos públicos subjetivos" de Georg Jellinek, configura los "derechos sociales", en su conjunto, como pretensiones dirigidas fundamentalmente hacia el Estado como tutela de un *status socialis positivus*[26]; la otra es aquella que, inspirándose en las conocidas construcciones teóricas de Martin Wolff[27] y Carl Schmitt[28], niega que los "derechos sociales" puedan ser derechos propiamente dichos y los configura como "garantías institucionales", por lo general ligadas a los derechos fundamentales clásicos[29]. Además del hecho que ambas teorías proporcionarían una explicación muy parcial del complejo archipiélago de los "derechos sociales", puesto que éstos no se dirigen en todo caso al Estado, y menos aún suponen siempre instituciones especiales (basta pensar, para ambos casos, en el art. 36 superior), y además de que el concepto de institución es irreductible al de derecho subjetivo[30], lo cierto

---

[26] Cfr. R. Thoma, *Das System,* cit., pp. 621 ss.; M. Mangoldt y F. Klein. *Das Bonner Grundgesetz.* Berlin y Frankfurt a. M., 1955, p. 102; M. Mazziotti, *Diritti sociali,* cit., p. 805.

[27] Véase M. Wolff, "Reichverfassung", en *Festgabe für Wilhelm Kajl,* Tubingen, 1923, p. 5.

[28] Véase C. Schmitt, *Verfassungslehre, cit.,* pp. 170 ss.

[29] Cfr., si bien en relación con determinados artículos de la Constitución bávara, H. Nawiasky y K. Leusser. *Die Verfassung des Freistaates Bayern.* München y Berlin, 1948, *sub* art. 171; F. Mayer. *Staats- und Verwaltungsrecht in Bayern.* 3ª ed., München, 1968, p. 101, así como *BayVerfGHE,* 7, 1, 3; configuran esta tesis como posibilidad teórica al lado de las concepciones precedentes: T. Tomandl. *Der Einbau sozialer Grundrechte in das positive Recht.* Tubingen, 1967, pp. 28 ss.; H. Schambeck. *Grundrechte und Sozialordnung.* Berlin, 1969, pp. 104 ss.; G. Brunner. *Die problematik der sozialen Grundrechte,* Tubingen, 1971, pp. 9 ss.

[30] Véase C. Schmitt, *Verfassungslehre, cit.,* pp. 170 ss.

es que las dos teorías remiten al legislador ordinario y a su amplia libertad de configuración para el reconocimiento necesario y efectivo de los derechos eventualmente conectados a las normas constitucionales sobre los "derechos sociales". Si ello se admite explícitamente por la segunda teoría, no es menos cierto para la primera, que, para ser exactos, se construye como forma de protección del individuo sólo en sus relaciones con la administración pública, sea claro: por debajo de la ley ordinaria[31].

Pero el punto de fondo, que está en la base de la incapacidad de las teorías examinadas en este parágrafo de superar, para los "derechos sociales", la dimensión originaria de los "derechos legales" y de conferirles un adecuado estatuto como "derechos constitucionales" consiste, como se ha indicado, en una valoración discutible y superficial de las transformaciones que el "Estado de derecho" liberal, con sus especiales categorías jurídicas, ha presentado por obra del "Estado social" y de la democracia pluralista. Hay un punto más preciso que resulta fundamentalmente ignorado: el de la transformación del "principio de legalidad", especialmente en sus relaciones con las concepciones de la libertad y de la igualdad. En efecto, sin duda es claro que –unas más

---

[31] Ello ha sido expresado por Forsthoff (*Stato di diritto, cit.*, p. 68) diciendo, en relación tanto con la Constitución de Weimar como con la de Bonn, que los derechos sociales no pueden tener, por naturaleza, un estatus constitucional.

(como en el caso de la posición de Crisafulli), otras menos–todas las teorías apenas examinadas adoptan el paradigma decimonónico de la legalidad y lo traducen sin modificaciones sustanciales en una especie de "legalidad constitucional" con el riesgo, por consiguiente, de formular nuevamente la vieja relación entre legalidad y administración sustituyendo los términos con los de Constitución y legislación (ordinaria). Pero, ¿cómo es posible semejante transposición si prácticamente por doquier (y no sólo en Italia) falta un recurso directo de los ciudadanos ante la violación de las normas constitucionales sobre los "derechos sociales" que pueda compararse en lo más mínimo a la naturaleza y eficacia de los recursos contra los actos administrativos ilegales y si, sobre todo, las características del poder legislativo y del juicio de constitucionalidad son de naturaleza por completo diferente, si no opuesta, respecto de la función y del proceso administrativo?

En realidad el problema resulta mucho más complejo y parece remitir, para una solución satisfactoria, tanto a discursos menos[32] como más recientes[33] sobre la reinterpretación de los principios del "Estado-de-derecho"

---

[32] H. Kelsen, *I fondamenti*, cit., pp. 7 ss.; G. Gurtvitch, *L'experience juridique et la philosophie pluraliste du droit*, Paris, 1935, pp. 263 ss.

[33] E. W. Böckenförde, "Entstehung und Wandel des Rechtsstaatsbegriff", en *Festschrift für Adolf Arndt*, Berlin, 1969, pp. 66 ss.; E. Benda, "Die soziale Rechtstaat", en E. Benda, Maihofer y Vogel (eds.), *Handbuch des Verfassungsrechts der Bundesrepublik Deutschland*, Berlin, 1983, pp. 478 ss.

y sobre la "reconceptualización" de las nociones fundamentales relativas a los "derechos constitucionales" como consecuencia del advenimiento de la democracia (pluralista) y del "Estado social".

## CAPÍTULO CUARTO
## LOS "DERECHOS SOCIALES" COMO EXPRESIÓN DE LA SUPERACIÓN DEL ESTADO LIBERAL HACIA LA DEMOCRACIA Y EL ESTADO SOCIAL (O ESTADO-DE-DISTRIBUCIÓN)

No cabe duda que, al contrario de los derechos de libertad civil clásicos (que, como es sabido, tenían sus raíces en el concepto de "libertad natural" o de "libertad negativa"), los "derechos sociales" tienen su justificación teórica en el concepto de *liberación de determinadas formas de privación* de origen social y, por tanto, tienen como fin la realización de la igualdad o, más exactamente, una síntesis entre libertad e igualdad[34], en una palabra, la *libertad igual*[35].

Sin embargo, como acabamos de ver y como han demostrado obras teóricas ya clásicas[36], el problema surge del hecho que estos dos fundamentos de valor (libertad negativa y liberación) pueden entrar en conflicto entre sí

---

[34] Véase G. Gurtvitch, *La dichiarazione dei diritti sociali* (1944), trad. italiana Milano, 1949, pp. 263 ss.
[35] Sobre esta noción véase en especial J. Rawls, *A theory*, *cit.*, pp. 195 ss.
[36] Cfr. H. Kelsen, *I fondamenti*, *cit.*, pp. 7 ss.; I. Berlin, *Four Essays*, *cit.*

y por lo general lo hacen de una manera radical. La solución de esta aporía, que en el pensamiento tradicional se sintetiza en la fórmula de la "tensión inconciliable" (Forsthoff) entre el "Estado de derecho" (liberal) y el "Estado social" (democrático), está, de acuerdo con este punto de vista, en poner entre paréntesis los principios democráticos y la cláusula del "Estado social", con el fin de permitir la expansión constitucional coherente de los principios clásicos del "Estado de derecho" liberal. Sin embargo, hay otro punto de vista, formulado como hipótesis minoritaria ya en la época de la Constitución de Weimar y hoy seguido por una mayoría creciente de opiniones, según el cual el advenimiento de la democracia y del "Estado social" impone una reconsideración de los principios del "Estado de derecho", que los haga perfectamente conciliables con los primeros. El éxito creciente de esta posición tiene sin duda un soporte en el derecho positivo consagrado en las constituciones democráticas de la segunda posguerra, en las que "Estado de derecho" y "Estado social" se definen, explícitamente (como en Alemania y España) o implícitamente (como en Italia y Francia), como un concepto complejo pero unitario.

Al emerger como un gigante de la confusión de las lenguas propia del período de Weimar, en un famoso ensayo de 1929, que sentó las bases para la teoría de la democracia pluralista, Hans Kelsen definía el régimen democrático como la "síntesis de los principios de libertad y de igualdad". Pero, al constatar que entre la tradicional libertad natural ("negativa") y la igualdad no puede haber conciliación alguna, éste advertía que "si la idea de libertad puede convertirse en un principio de esta organización social (la democracia pluralista), de la que ella era antes la negación, y puede tornarse incluso un principio de la organización estatal (democrática), ello es posible sólo a través de un cambio de significado" (los paréntesis son nuestros). Más exactamente, sostenía Kelsen, la idea de libertad puede ponerse como fundamento de un determinado sistema político-constitucional sólo concibiendo la libertad como principio de la "legalidad social" (y no como expresión de la "legalidad natural"), es decir como *libertad positiva*[37].

Si este es el concepto-base de la democracia pluralista lo cierto es que éste no implica simplemente desempolvar la definición tradicional del "Estado de derecho" (liberal), sino que implica una tranformación radical de todos sus términos fundamentales. La "dignidad humana", que es el valor fundamental de la democracia, como del Estado liberal, ya no es el correlato del individuo "aislado" y soberano absoluto de su propio "espacio vital"[38] sino que corresponde a una "imagen de hombre" fundada en el concepto de "persona" (es decir: en la consideración del individuo tanto en sí como en sus relaciones sociales y

---

[37] H. Kelsen, *I fondamenti, cit.*, pp. 8 ss.
[38] Cfr., por ejemplo, E. W. Böckenförde, *Entstehung, cit.*, pp. 56 ss.; E. Benda, *Die soziale Rechtsstaat, cit.*, p. 480, y allí otras referencias.

como relación social, según la expresión de [Aldo] Moro en la Asamblea Constituyente). Por consiguiente la libertad "negativa" ya no es un bien en sí, sino que lo es en cuanto parte o aspecto del concepto más comprensivo de "libertad positiva", puesto que, sin este nexo, también la libertad "negativa", no menos que los "derechos sociales", puede muy bien ser compatible con un régimen totalitario[39]. De manera semejante, la igualdad ya no puede definirse sólo en una perspectiva de garantía o de salvaguarda (si no de conservación) de la distribución "natural" de los recursos (*igualdad formal*), ni, por el contrario, como concepto que borra del todo el valor de la libertad, es decir como distribución de los beneficios sociales según las "necesidades" de cada quien (*igualitarismo*), sino que, al tenerse que conjugar con la libertad "positiva", y por tanto con la autorrealización personal, debe determinarse en principio como igualdad de las condiciones de partida o, más exactamente, de las oportunidades (es decir como *igualdad sustancial*).

En esta transformación global del significado de los términos fundamentales del sistema político-constitucional también adquiere un lugar particular el concepto de "liberación" (de la necesidad, de la privación de trabajo, etc.), que constituye precisamente el fundamento de valor de los "derechos sociales". Mientras la base lógica del

---

[39] Cfr. I. Berlin, *Four Essays*, *cit.*, pp. 1219 ss.

sistema está dada por la libertad "natural" (o negativa), el principio de la "liberación" aparece extraño, es más, antitético, respecto del sistema mismo, como percibieron claramente quienes sostenían que "Estado de derecho" (liberal) y "Estado social" (democrático) eran inconciliables. Pero cuando el fundamento del sistema se torna la libertad "positiva", con sus corolarios en materia de "dignidad humana" y de igualdad, el principio de "liberación de la privación" adquiere un carácter de coexistencialidad y de primariedad en el sistema mismo, en cuanto sin él la "libertad positiva" y la *equal liberty*, que es la sustancia y el valor de la primera[40], perderían todo significado.

Todo ello explica cómo y por qué los "derechos sociales" no sólo son compatibles con la democracia, sino que constituyen también un componente esencial de los valores fundamentales de la misma. En efecto, si es verdad que en los sistemas democráticos el sujeto individual ya no se considera sólo como portador de una "legalidad" propia y primigenia —de una suerte de reflejo individualista de ese *pan* originario constituido por la "legalidad natural" que el ordenamiento debe sólo "reconocer" y, a lo sumo, limitar (derechos fundamentales como expresiones de una originaria *libertad natural*)— sino que se considera ante todo como sujeto definido en y por

---

[40] Cfr. H. Kelsen, *Op. cit.*, p. 8; G. Gurtvitch, *L'experience juridique, cit.*, pp. 263 ss.; J. Rawls, *A theory, cit.*, pp. 195 ss.

las propias relaciones sociales, es decir como *homme situé* (según la afortunada expresión de George Burdeau), de ello se sigue que los derechos fundamentales pueden tener una estructura que, además de reflejar la posición original (es decir la individualidad) del hombre como persona, refleja también las posiciones ligadas a relaciones particulares, o estatus, dirigidas a determinar en forma derivada, pero no por ello menos esencial, la subjetividad (este otro perfil de los derechos fundamentales, en virtud del cual el hombre es visto no sólo como "creador" de las propias relaciones jurídico-sociales sino también como "parte" o "consecuencia" de las mismas, está bien presente incluso en los autores y en los ordenamientos que permanecen ligados al concepto de libertad-propiedad, en los cuales, precisamente en relación con los principales "derechos sociales", se habla de *new property*)[41].

Esta profunda transformación jurídico-constitucional corre paralela, por lo demás, con una transformación histórica de gran importancia relativa a la relación entre sociedad y Estado. Como se recordaba antes, un sistema fundado en el principio de la libertad natural (o negativa), como el del "Estado liberal", supone que la principal regla distributiva de los beneficios sociales está determinada por las contingencias sociales y por las relaciones "espontáneas" de los poderes existentes en el mercado[42],

---

[41] Cfr. C. Reich, "The New Property", en *YlJ*, 1964, pp. 733 ss.

sin el mínimo concurso de las elecciones conscientes de la autoridad política. En cambio, el Estado democrático moderno ha invertido esta posición, colocando la distribución de los beneficios y de los sacrificios sociales bajo la dirección o la vigilancia del poder público y considerándola como su propia tarea primaria. Para retomar una expresión que ha hecho carrera en la doctrina alemana[43], el Estado democrático es un *Verteilungsstaat*, un Estado-de-distribución, en el sentido que la distribución "natural" de los recursos ya no se considera más allá del alcance de los poderes públicos sino que, en armonía con los principios de la "economía mixta" y del "Estado social", se pone bajo "reserva pública" y, por ello, está sujeta a las correcciones e intervenciones necesarias para que sea conforme a las finalidades de justicia social y esté en condiciones de ofrecer también a los miembros menos favorecidos de la sociedad la posibilidad concreta de explotar *fair chances of liberty* respecto de los demás[44] (el concepto de *Verteilungsstaat* es criticado, si bien sin fundamento, por los críticos que lo ligan esencialmente a una coyuntura histórica de expansión económica, al punto que, terminada ésta, resultaría carente de sentido sin más: el equívoco está, en efecto, en pensar que el Estado

---

[42] Así Rawls, *A theory*, cit., p. 72.
[43] Cfr., por ej., E. Forsthoff, *Stato di diritto*, cit., p. 69; E. Benda, *Die soziale Rechtstaat*, cit., p. 512.
[44] Cfr. en especial J. Rawls, *Op. cit.*, pp. 73 ss.

distribuye sólo beneficios, y no también sacrificios, así como en confundir un motivo de crisis de legitimación de una cierta forma de Estado con su función histórica global).

## CAPÍTULO QUINTO
## LA SUPERACIÓN DE LA "CONTRADICCIÓN" ENTRE ESTADO DE DERECHO (LIBERAL) Y "DERECHOS SOCIALES" EN LA TRANSICIÓN DEL "ESTADO-DE-DERECHO FORMAL" AL "ESTADO-DE-DERECHO MATERIAL" (O "ESTADO CONSTITUCIONAL")

Como acabamos de ver, el advenimiento de la democracia en los Estados de origen liberal produce una profunda transformación del significado de los valores fundamentales del sistema político-constitucional y lleva a una nueva forma de conciliación entre libertad e igualdad, entre derechos de libertad individual y "derechos sociales", que cabe resumir en los principios de la democracia pluralista (concebida como contraria a la democracia "totalitaria", es decir a la idea decisionista-igualitaria de la misma). Sin embargo, las transformaciones relevantes para el problema aquí considerado no se agotan ciertamente en las recordadas en el parágrafo anterior. Si es verdad, como parece inobjetable, que el clásico "concepto de Estado de derecho se define desde el punto de vista de la libertad burguesa" (*rectius*: liberal)[45], hay que afirmar, por consiguiente, que la transformación del significado del término fundamental de referencia, es decir la noción de libertad, comporta también una modificación o, si se prefiere, una renovación de los principios del "Estado de derecho".

El concepto clásico de "Estado de derecho" se articula, como se sabe, en tres principios diferentes: 1. El principio de legalidad (supremacía y reserva legal), como garantía de las libertades individuales (libertad-propiedad) y, al mismo tiempo, como expresión inmediata del principio de mayoría (soberanía popular o parlamentaria); 2. La regla de la división de los poderes y del control-equilibrio recíproco (*checks and balances*) entre las diferentes ramas del poder público; 3. La independencia de los jueces y la garantía jurisdiccional de los derechos (incluso contra los comportamientos ilegítimos del poder público) como corolario fundamental del ya mencionado principio de legalidad. En su núcleo esencial estos principios, que han marcado una transición en la civilización de proporciones epocales, son por supuesto aún válidos, tanto que el "Estado social" se define universalmente, si bien con una variedad de significados, también como "Estado de derecho". Sin embargo, pese a esta constante de fondo, éstos han tenido una significativa transformación de

---

[45] Así C. Schmitt, *Verfassungslehre*, cit., p. 129.

sentido debida a la incidencia de importantes transformaciones históricas ligadas al proceso de democratización del Estado.

a. La modificación más relevante se refiere sin duda al principio de legalidad, que es el verdadero eje del concepto clásico de "Estado de derecho". Tras el reconocimiento universal de la Constitución como "ley superior" de carácter positivo (y de la conexa garantía del control de constitucionalidad), en los Estados democráticos se ha formado una suerte de "doble legalidad" o, si se prefiere, de doble circuito de la legalidad che tiene su eje en dos diferentes tipos de actos normativos: la Constitución y la ley ordinaria[46]. Pese a su percepción corriente, a menudo esta novedad se ha traducido en los términos de la legalidad clásica (parlamentaria), de manera que los dos circuitos mencionados se han visto como diferentes segmentos normativos, que expresan, en su conjunto, una misma legalidad; es decir que se han visto como órdenes o rangos normativos sustancialmente homólogos ("se trata en todo caso de normas", es la premisa implícita del discurso), cuya única diferencia está en su diferente posición formal en el ordenamiento, en su diferente rango jerárquico (este diferente "valor", en efecto, se reduce ya a una reinterpretación del concepto tradicional de "fuerza

---

[46] Véase en este sentido, si bien con empleo de la terminología tradicional de la "fuerza de ley", C. Mezzanotte, "La Corte Costituzionale: esperienze e prospettive", en AA. VV., *Attualità e attuazione della Costituzione*, Bari, 1979, pp. 149 ss.

formal", como en Crisafulli, ya a una relación de condicionalidad que implica en todo caso una jerarquía puramente formal, que algunas veces es de tipo procedimental, como en Kelsen o Ross, y otras lógico-estructural, como en Modugno). Sin embargo, si se analiza esta novedad a la luz del horizonte de su significado político-constitucional, y no sólo de aquel puramente formal de la "relación entre fuentes normativas", su interpretación resulta notablemente diferente.

En el Estado de derecho liberal la restricción del acceso a la *polis*, limitado con diferentes instrumentos (sufragio electoral, selección política, privilegio de los notables, instituciones de instrucción, etc.) a los más ricos y a los más cultos, hacía que la formación y el desarrollo de la ley reflejaran sustancialmente los valores, relativamente homogéneos, compartidos por la clase dominante. En esta diferencia (o no correspondencia) entre "sociedad civil" y "sociedad política" (o Estado) consistía, como reconocían con diferentes valoraciones tanto quienes sostenían este sistema como sus críticos, la verdadera selección de los valores fundamentales y de los principios inspiradores de todo el ordenamiento constitucional: un ordenamiento que se presentaba, entonces, como formalmente paritario en cuanto expresión parcial de la "sociedad civil" y de los valores allí expresados. En este Estado "monoclase", según la expresión de Massimo Severo Giannini, la ley se concebía como expresión de las decisiones políticas supremas que, de conformidad con el sistema del que era parte esencial, estaba sujeta a un doble imperativo: por una parte, ser una norma general y abstracta, de manera de respetar al máximo el orden natural de las cosas, la "legalidad natural"; por otra, caracterizarse por una esencial *Wert-Neutralität*, es decir por una neutralidad respecto de los valores, sobre el presupuesto que cualquier elección positiva de la mayoría (legal) debía considerarse por ello mismo "legítima" (sobre esta base Max Weber, y con él Carl Schmitt, podían decir que en el Estado liberal-parlamentario la "legitimidad" no consistía sino en la legalidad). En este Estado de derecho "extrovertido", es decir caracterizado por una referencia a los valores externos a él[47], el principio de legalidad se determina por tanto de manera sustancialmente formal: la ley, de la que la Constitución (flexible) es una especie que no se diferencia de ella cualitativamente, es soberana e inobjetable, no porque responda a determinados contenidos o valores normativos superiores a ella (que en realidad no existían en el Estado liberal), sino sólo en cuanto decisión general (es decir abstraída de circunstancias concretas, o bien norma general y abstracta), adoptada con un cierto procedimiento (de la que derivaba la "fuerza formal de la ley", verdadero principio ordenador del sistema de fuentes). Lejos de ser una nueva forma de legalidad-legitimidad, como querría Luhmann[48], la "legitimación a

---

[47] La definición es de E. Forsthoff, *Stato di diritto, cit.*, pp. 289 ss.
[48] N. Luhmann, *Legitimation durch Verfahren*, Darmstadt-Neuwied, 1969.

través del procedimiento" es, en su núcleo estructural, la forma típica de legitimación del Estado de derecho liberal, como por lo demás resulta claro, de una lectura detenida, ya en Max Weber. Desde este punto de vista, que en realidad no es el único (si bien es el más importante), esta forma de Estado, y con razón, se define como Estado de derecho formal[49] o "Estado legal".

Esta concepción, sin embargo, ha desaparecido paulatinamente con el avance de la democracia y con el consiguiente ensanchamiento del Estado hasta comprender a otras clases o estamentos portadores de valores relativamente heterogéneos (el llamado Estado pluriclase). En este nuevo Estado no sólo se invierte, como hemos indicado, la relación entre "legalidad natural" y "legalidad social" (por lo que el Estado se cualifica como "Estado social" o "interventor" y la ley, por consiguiente, pierde su carácter estructural de norma general y abstracta), sino que las instancias supremas de decisión, es decir el Parlamento y el Gobierno, se convierten esencialmente en la sede en que el pluralismo social y político se confronta y encuentra momentos de síntesis a través del compromiso entre mayoría y minoría (en el Parlamento) y/o entre los diferentes grupos que integran la una y la otra (Parlamento y Gobierno)[50]. Pero, puesto

---

[49] Cfr. por ej. U. Scheuner, *Die neuere Entwicklung, cit.*, pp. 506 ss.; E. Benda, *Die soziale Rechtstaat, cit.*, pp. 477 ss.
[50] Estas transformaciones, notadas ya por Kelsen (*Il problema del parlamentarismo,*

que el Estado democrático (y social), con la consiguiente instauración de una trama constitucional tejida de pluralismo político y social, comporta la desaparición de un Estado "pre-dado" respecto de los sujetos sociales y del derecho mismo[51], y puesto que, por lo tanto, pone en el tapete el riesgo de una disolución de la unidad político-constitucional en un continuo compromiso de todos sobre todo (que, no es casual, quien permanece ligado a la concepción "formal" del Estado de derecho ve como destino ineluctable del Estado pluralista[52]), la conjugación de la democracia pluralista con el Estado de derecho ha corrido paralela, históricamente, con una "legalidad" nueva y superior: la que se conecta a los valores fundamentales puestos como base de un determinado sistema constitucional.

Se trata de una "legalidad por valores" o, más precisamente, de una "legalidad constitucional", que consiste en un ordenamiento superior cuyos principios fundamentales constituyen, al mismo tiempo, los parámetros de valor positivos y "materiales" de la legitimación y la

---

1925, trad. italiana en *Il primato del Parlamento*, Milano, 1982; *I fondamenti*, cit., pp. 64 ss.) han sido desarrolladas por numerosos autores también en el plano del principio de legalidad: cfr., en Italia, S. Fois, *La riserva di legge*, Milano, 1963.

[51] Cfr. en este sentido la lúcidas páginas de K. Hesse, "Die verfassungsrechtliche Stellung der politischen Partein im modernen Staat", en *VVDStRL*, XVII, 1959, p. 45, en el surco de las teorías clásicas de H. Laski, *Studies in the problem of sovereignty*, New Haven, 1917.

[52] Cfr. E. Forsthoff, *Der Staat der Industriegesellschaft*, München, 1971, p. 17, pero ya C. Schmitt, *Verfassungslehre*, cit., p. 41.

medida de la legalidad. En este sentido se puede hablar, como se ha hecho, de un "Estado de derecho introvertido"[53], en el sentido de un Estado que asimila en su Constitución los valores que presiden la propia vida política y comunitaria, con el fin de instituirlos, para todos los poderes constituidos, como criterios de orientación de la propia acción y como límite más allá del cual las fuerzas políticas y los poderes públicos no pueden llevar sus compromisos y sus decisiones. Desde este punto de vista, que, como se dirá dentro de poco, no deja de influenciar también los otros elementos constitutivos del concepto, el Estado de derecho, renovado bajo el impulso de la democracia pluralista, puede definirse de manera más correcta, en el surco de la doctrina alemana, como *Estado de derecho material*[54] o como *Estado constitucional* (P. Häberle).

Es preciso subrayar que esta cualificación particular no es fruto de la aceptación de una determinada doctrina filosófica (la filosofía de los valores), ni puede confundirse con teorías de notable interés pero sumamente anacrónicas[55], sino que es más bien la consecuencia lógica

---

[53] Cfr. E. Forsthoff. *Stato di diritto, cit.*, p. 301.
[54] Cfr. U. Scheuner. *Die neure, cit.*, p. 507; E. W. Böckenförde. *Entstehung und Wandel, cit.*, pp. 66 ss.; E. Benda. *Die soziale Rechtsstaat, cit.*, pp. 479 ss.; entre los críticos de "derecha" cfr. E. Forsthoff, *op. cit.*, espec. pp. 289 ss. y, entre los de "izquierda", R. Wietholter. *Gli interessi, cit.*, pp. 39 ss.
[55] Como la de Rudolf Smend, que permanece fundamentalmente ligado a la concepción decimonónica del Estado de derecho y de los derechos fundamentales:

del reconocimiento práctico de que nuestro sistema constitucional se inspira en los principios de la democracia pluralista. Si la definición teórica de esta última comporta sin duda una relativización o una relativa indiferencia respecto de los valores y, por el contrario, la esencialidad del método y de los procedimientos[56], ello no quita –y, es más, parece suponer lógicamente– que, en relación con las diferentes experiencias histórico positivas, este tipo de democracia comporta la elección de cada pueblo en favor de determinados valores de fondo y su codificación en un pacto fundamental, siempre modificable de acuerdo con ciertas condiciones[57].

Estas dos afirmaciones parecen implicarse recíprocamente, puesto que, si la democracia como método ha sido pensada para exaltar la libertad de autodeterminación de cada pueblo[58], por consiguiente se debe pensar que esta libertad puede y debe concretarse positivamente en la elección de determinados valores de fondo que orienten, por cierto tiempo, el destino histórico de ese pueblo. En otras palabras, la democracia pluralista, que no es otra cosa que la definición sociológica de la democracia como método, conduce, en el plano de las escogencias positivas

---

una exacta diferenciación entre esta teoría y la interpretación aquí acogida se encuentra formulada en E. Forsthoff, *Op. cit.*, pp. 293 ss.

[56] De acuerdo con la conocida enseñanza de H. Kelsen. *I fondamenti, cit.*

[57] Sobre esta cuestión teórica cfr. últimamente P. Ridola. *Democrazia pluralistica e libertà associative*, Milano, 1987, pp. 150 ss.

[58] Así H. Kelsen, *Op. cit.*, pp. 8 ss.

sobre los valores fundamentales, al convencionalismo (en este punto la teoría kelseniana padece de una ambigüedad de fondo que no es posible analizar en este lugar). Y ello significa, a su vez, que el *Estado constitucional*, o *Estado de derecho (material)*, no está necesariamente ligado, como se creía en el pasado, a una determinada interpretación y a una determinada combinación de las dos categorías *a priori* de la democracia, es decir la libertad y la igualdad (por ejemplo libertad natural más igualdad formal, según el módulo decimonónico), sino que es perfectamente compatible con cualquier síntesis posible entre estas dos categorías, empezando por la que incluye los "derechos sociales" en los valores fundamentales. De aquí deriva la necesidad lógica para este sistema de fijar los valores de fondo en la "ley superior" y de vincular a su respeto las demás expresiones de la legalidad.

b. Esta nueva forma de legalidad-legitimidad injertada por el Estado democrático en el viejo tronco liberal, si de por sí introduce ya la posibilidad de una diferente relevancia constitucional de los "derechos sociales", por otro lado contribuye a producir ulteriores modificaciones en los otros elementos constitutivos del Estado de derecho que tienen algún significado para el problema aquí tratado.

El Estado de derecho clásico supone, como hemos dicho, que toda la actividad jurídica (privada y pública) se pueda medir de acuerdo con parámetros de legalidad y, por tanto, que se pueda controlar jurisdiccionalmente.

Desde los tiempos en que dominaba esta forma de Estado se ha subrayado desde diferentes ángulos la fractura producida en este principio por la "justicia política", es decir por esa actividad de ponderación y composición de intereses en conflicto o diferentes que se realiza por vía judicial en ausencia de una específica "máxima de decisión" deducible de las normas por aplicar[59].

En la época del Estado liberal esta forma de justicia particular se limitaba en realidad a relaciones típicamente políticas (por ejemplo, la responsabilidad jurídica de los ministros). Con el advenimiento del Estado democrático, por el contrario, por una parte se amplía el concepto a través de un uso más extendido y más penetrante (también a nivel de los jueces "comunes") de las "cláusulas generales" (orden público, etc.) y de los "conceptos indeterminados" (utilidad social, etc.); por otra parte, incluso se institucionaliza una forma especial de justicia política, la de las cortes constitucionales, que no se limita tan sólo a resolver los conflictos de atribución entre las diferentes ramas del poder público o a decidir sobre la responsabilidad político-constitucional de las máximas autoridades estatales, sino que está llamada también a equilibrar continuamente las decisiones legislativas con los valores abstractos fijados en la Constitución y con los criterios de una aún más indeterminada "razonabilidad",

---

[59] Cfr. por ej. C. Schmitt. *Verfassungskehre, cit.*, pp. 134 ss.

según el modelo de legalidad propio del "Estado constitucional" o del "Estado de derecho material" (la exigencia de juicios de pura "razonabilidad" nace, en efecto, del llamado carácter inagotable de los valores, es decir de su estatus semántico o de la multiplicidad de contenidos materiales deducibles de los valores mismos, que es tanto mayor cuanto más éstos son universales y que obliga, en todo caso, a quien debe aplicarlos a un caso particular, a lograr equilibrios y composiciones de antinomias que no serían factibles o resultarían en todo caso dudosos o arbitrarios en ausencia de una referencia a lo "concreto" y por tanto de una relativización de los valores con base en reglas o consideraciones empíricas, y por ello probabilistas y "subjetivas", como son precisamente las que se pueden asociar a la "razonabilidad").

Estos dos fenómenos, que en realidad están en una profunda interrelación y complementariedad, derivan del predominio necesario, en un Estado democrático-pluralista, de una "legalidad por valores" y ésta, a su vez, deriva de la compleja trama social que recorre los órganos políticos supremos y la dinámica jurídica en todos sus aspectos. Frente a ello, la "mensurabilidad" de la actividad jurisdiccional se transforma inevitablemente en la menos tajante exigencia de "no-arbitrariedad" de la misma, es decir en la necesidad de utilizar los amplios parámetros de juicio de manera no irrazonable. Para que esta garantía tenga realidad se hace necesaria, para los jueces, una obra cotidiana de integración de esos parámetros con el complejo sistema de los valores constitucionales. Y esta integración, al desarrollarse en el ámbito de una constitución democrática (que, como tal, suma a las exigencias de libertad las de justicia social), no puede no concernir directamente también a los "derechos sociales".

c. Es preciso subrayar, por último, una tercera modificación de los rasgos del Estado de derecho de indudable importancia para la afirmación de la "conciliabilidad" entre los principios ligados a éste y los "derechos sociales". Puesto que en las democracias pluralistas el proceso de formación de la voluntad política ya no está circunscrito a los diferentes poderes públicos que componen el Estado en sentido estricto, sino que se extiende a una red social en la que diferentes grupos operan con el fin de condicionar de alguna manera la decisión a tomar, y puesto que esta trama pluralista está institucionalizada en diferentes niveles y roles que, lejos de importar en el plano del "mero hecho" (come se consideraba antes), inciden en la configuración jurídica de los diferentes poderes constitucionales (y de los actos respectivos), el significado de la clásica "división de los poderes" y de la regla del control y equilibrio recíproco ha terminado por ampliarse hasta comprender también esta red pluralista. Semejante asunción, si no comporta necesariamente la extensión de la competencia de la Corte Constitucional, en el ámbito de la resolución de conflictos, a este nuevo sector, muestra sin embargo otro aspecto de la importancia de los "derechos sociales" a la luz de las nuevas fisonomías de la "división de los poderes". En efecto, el papel de estos "derechos" es precisamente el de regular de alguna manera determinados aspectos de las relaciones entre los grupos, en especial (pero no sólo) en el proceso de decisión: por ejemplo, a través del equilibrio de las relaciones de fuerza entre los unos y los otros (como en los derechos sociales en materia de trabajo); o por medio de la determinación de las colectividades en condiciones de representar ciertos intereses (por ejemplo, las "figuras de la participación", contratación colectiva, tutela jurisdiccional del "derecho a un ambiente sano"), así como a través de la definición de lo que es de la competencia de los individuos y de aquello que se refiere a la colectividad (por ejemplo, los derechos sociales individuales y los colectivos en una misma materia); o, también, a través de la identificación de algunos intereses colectivos que deben ser privilegiados en el proceso de decisión (por ejemplo, salud, "derechos de la familia"). Al fenómeno de la "multiplicación" de los poderes se agrega otro relativo a la "división del poder"[60], es decir, a la estructura interna de cada poder (legislativo, gubernativo, administrativo). En otras palabras, el poder legislativo se reparte en un poder central y otros periféricos (regionales, provinciales), al igual que el poder administrativo, que se diferencia en una serie de administraciones de acuerdo con líneas aún

---

[60] G. Bognetti. *Il modello economico, cit.*, p. 247.

más diversas (centrales o periféricas, dependientes o autónomas, etc.). También en la "división del poder" los derechos sociales desempeñan un papel principal, no sólo porque están en la base de muchos "derechos de acceso", sino también porque constituyen uno de los factores principales que presiden la repartición del poder entre el centro y la periferia[61].

En conclusión, si resultan bien claras las transformaciones positivas que se producen en el Estado de derecho, y en particular la transición de este modelo de una concepción "formal" a aquella "material" del "Estado constitucional", entonces el reconocimiento constitucional de los "derechos sociales" no parece en absoluto en contraste con los principios por éste implicados y para nada ligado a los mismos mediante una relación precaria. Es más, bien visto, los "derechos sociales" desempeñan en el nuevo modelo –por supuesto: al lado de los derechos de libertad– la misma función que éstos desempeñaban por sí solos en la configuración clásica del Estado de derecho (liberal). Así como en la época liberal la cláusula libertad-propiedad cualificaba específicamente el principio de legalidad, exigiendo que toda intervención estatal sobre la libertad-propiedad estuviera vinculada a las estrictas reglas de la reserva legal, así mismo los "derechos

---

[61] Con la extensión, por ejemplo, de la reserva de ley en materia de derechos sociales también a la ley regional: véase por ej. las sentencias 154/1980, 997/1988 y 1011/1988 de la Corte Constitucional.

sociales" acompañan hoy a los otros derechos fundamentales, en el sentido de exigir, como se verá mejor más adelante, una ubicación especial en el circuito de la legalidad, basada en la propia naturaleza de "derechos constitucionales" (a menudo "inviolables").

De la misma manera, también la garantía jurisdiccional de los derechos fundamentales se ha transformado, en comparación con la configuración clásica del "Estado de derecho", en especial con el fin de adecuar la propia función a la extensión del campo de los derechos fundamentales a los derechos "sociales": si en un sistema fundado en el principio de la "libertad natural" (o negativa) la jurisdicción puede concebirse idealmente como *bouche de la loi*, en cuanto es el mismo principio de fondo el que exige, para su plena observación, jueces "no-activistas" y estrictamente ligados al tenor de la ley misma, por el contrario, un ordenamiento fundado en el equilibrio del principio de libertad (positiva) y el de igualdad conduce inevitablemente a aumentar la importancia de la "justicia política" y al reconocimiento en términos generales de una interpretación "activista" del papel del juez, en cuanto éste está llamado a menudo a operar equilibrios de valores y, en especial, a mediar "razonablemente" entre instancias de libertad y exigencias sociales, entre derechos individuales y derechos sociales.

Para concluir, y lo hemos visto hace poco, así como en el Estado de derecho liberal clásico la cláusula libertad-propiedad servía de criterio principal de repartición de las competencias (entre legislación y administración) y de principio de orden en el proceso de decisión, así, en el Estado democrático, los "derechos sociales", al igual que los de libertad, desempeñan un papel importante, no sólo en la repartición de las atribuciones (por ejemplo los diferentes tipos de reserva de ley), sino sobre todo en el equilibrio de las posiciones de los sujetos implicados en el complejo proceso de decisión de la política en un sistema pluralista.

## CAPÍTULO SEXTO
### LOS FUNDAMENTOS NORMATIVOS GENERALES DE LOS "DERECHOS SOCIALES": EL PRINCIPIO DE LA DIGNIDAD HUMANA (ART. 2°) Y EL DE IGUALDAD (ARTS. 3.1 Y 3.2)

Al contrario de lo que sostienen juicios estereotipados –en realidad originados por "temores" manifestados por algunos constituyentes durante los trabajos preparatorios– la Constitución italiana, si bien se sitúa sin duda alguna en el surco abierto por la Constitución de Weimar, se diferencia notablemente de ésta, tanto en los principios fundamentales y en la estructura general como en el sistema de los derechos y en la posición que se otorga, al interior de éste, a los "derechos sociales". En la Constitución alemana de 1919 la falta de unidad del sistema de los poderes públicos (que, como se sabe, se caracterizaba por la indecisión entre el principio parlamentario y el presidencial, mal ocultada por el seudo-decisionismo de una multiplicidad de referendos) tenía su perfecto paralelo en la incapacidad del sistema de derechos para reflejar o promover una identificación y una unificación cultural (de los valores) del pueblo alemán, en cuanto caracterizado por una chata yuxtaposición de los derechos individualistas y de vagas exigencias sociales[62].

Con seguridad no se puede decir lo mismo de la Constitución italiana. Aquí, no sólo el mecanismo de los poderes aparece claramente inspirado en el principio de un parlamentarismo basado en los partidos, sino que también el conjunto de la primera parte, aquella sobre los derechos y los deberes, expresa claramente una "imagen de hombre" (*Menschenbild*) que, si ya no es la del liberalismo clásico, y menos aún la socialista-comunista, resulta estar decididamente en función de una precisa e inequívoca identidad democrático-pluralista: la idea de persona, en su simple dimensión de ser individual y de ser social, se yergue claramente, en efecto, como concepto unificador de los derechos de libertad y los "derechos sociales".

Pese a alguna voces discordantes (a menudo evidentemente instrumentales), esta conciencia resulta suficientemente clara para la mayoría de los constituyentes, tanto que, lejos de solidificar los "derechos sociales" al interior de esquemas completamente proyectados hacia el futuro posible (de acuerdo con el paradigma de la "revolución prometida" de Piero Calamandrei), los ha inducido a vincular estos derechos a valores dotados de sólidas raíces en la actualidad. En otras palabras, los constituyentes no

---

[62] Así, en especial, O. Kirchheimer. *Costituzione senza sovrano. Saggi (1928-1933)*, trad. italiana, Roma, 1982, pp. 45 ss. y 115 ss.

circunscribieron el fundamento de los "derechos sociales" sólo al artículo 3.2 constitucional, allí donde se establece de manera solemne "la tarea de la República (de) remover los obstáculos de orden económico y social, que, al limitar de hecho la libertad y la igualdad de los ciudadanos, impiden el pleno desarrollo de la personalidad y la efectiva participación de todos los trabajadores en la organización política, económica y social del país", sino que lo extienden también al principio de los derechos inviolables de la persona (art. 2°) y al principio de igualdad formal o ante la ley (art. 3.1).

No cabe duda que, al adoptar las normas fundamentales sobre el principio de la "dignidad humana", los constituyentes tenían clara conciencia de la transformación del significado que este principio presentaba con la transición del Estado liberal al Estado democrático. En especial, de las palabras de [Aldo] Moro, quien tuvo la tarea de explicar el compromiso alcanzado por los demócratas cristianos y las izquierdas sobre el artículo 2°, resulta transparente la conexión del principio de la "dignidad humana" con la libertad positiva y con las condiciones sociales de una democracia pluralista: en efecto, es sólo sobre esta base que en la Constituyente se pudo afirmar, como explicación del acuerdo alcanzado, que la idea de hombre implícita en el artículo 2° es la de la persona que no tiene valor sólo como individuo sino también como relación social o, más precisamente, como parte de una sociedad que, precisamente porque reconoce como fundamento primero el respeto efectivo y total de la dignidad humana en sus múltiples expresiones, se define normativamente como una sociedad pluralista y democrática[63].

Es evidente que, una vez que el principio de la dignidad humana se interpreta, con respecto a la persona, tanto como valor ético-moral o espiritual como en cuanto correspondiente al ser inmerso en la concreta existencia social y síntesis ideal de un ordenamiento democrático-pluralista, es en él que se descubre la raíz primera tanto de los derechos de libertad civil y política como, y es lo que aquí nos interesa, de todos los "derechos sociales"[64].

Respecto de este principio, el de igualdad se presenta como un complemento necesario, en cuanto contribuye a cualificarlo en la esencia, aclarando que la base axiológica de la renovada concepción de la "dignidad humana" no es ciertamente la libertad abstracta del hombre aislado del "derecho de razón" sino más bien la idea fundamental de la *equal liberty*, de la libertad igual. Si el sentido del

---

[63] Cfr. *Atti Assemblea Costituente*, I, pp. 593 ss.; para desarrollos análogos en Alemania Occidental, en realidad posteriores a la fase constituyente, cfr. R. von Marcic. *Ein neuer Aspekt der Menschenwürde, cit.*, p. 200; E. Benda, *Die Menschenwürde, cit.*, p. 113, así como *BVerfGE*, 5, 85, p. 205.

[64] La idea según la cual el principio de la dignidad humana está actualmente orientado a tutelar al hombre también frente a las privaciones materiales y constituye, por tanto, el fundamento último de los "derechos sociales" y de los correspondientes deberes de prestación se ha planteado también en Alemania Occidental; cfr. D. Lorenz. "Bundesverfassungsgericht und soziale Grundrechte", en *JB*, 1981, p. 23; E. Benda, *Op. cit.*, p. 115.

principio de la "dignidad humana" es, entonces, que todo hombre, en cualquier posición social en que se encuentre inicialmente, debe ser puesto en condiciones de tener igualdad de oportunidades de autorrealización (por lo menos en el sentido de tener una cantidad de posibilidades sustancialmente no lejana de la de cualquier otro miembro de la sociedad) y, por tanto, igualdad de *chances* de gozar efectivamente de las libertades (negativas o positivas) constitucionalmente garantizadas, entonces es evidente que ese principio está inextricablemente ligado tanto a la regla de la "igualdad ante la ley" (art. 3.1) como a la de la así llamada "igualdad sustancial" (art. 3.2).

Si bien la igualdad ante la ley (o formal) es indudablemente una filiación directa del "Estado liberal"[65], no se puede callar, sin embargo, que su significado ha cambiado profundamente en constituciones, como la italiana, que se inspiran en el principio del "Estado social", democrático-pluralista, y en la categoría del "Estado constitucional".

En efecto, desde el primer punto de vista, se debe subrayar que la cualificación de la igualdad formal con el principio de la "igual dignidad social", que se desarrolla después en precisas prohibiciones de discriminación (por el sexo, la raza, el idioma, la religión, las opiniones políticas

---

[65] Cfr. por ejemplo, entre los últimos, U. Romagnoli. "Commento all'art. 3, co. 2° Cost.", en *Commento costituzionale Branca*, Bologna-Roma, 1955, p. 174; B. Caravita. *Oltre l'eguaglianza formale*, Padova, 1984, p. 162.

y las condiciones sociales y personales), le ha conferido a la igualdad misma un sentido normativo que jamás había tenido con anterioridad[66].

En el "Estado liberal" la garantía de la igualdad formal se traducía en la práctica en un principio directivo orientado al legislador para que éste formulara normas generales y abstractas y para que no adoptara leyes personales o que contuvieran regímenes concernientes a un caso concreto (por ejemplo, *ex post facto leges*), así como en la garantía de que a nadie se le negara en principio el acceso formal (pero meramente formal) al goce de los derechos generalmente reconocidos por el ordenamiento jurídico. Sobre esta base, sin embargo, no estaban en lo absoluto excluidas fuertes discriminaciones fundadas en las condiciones políticas personales o en las condiciones sociales o políticas, en la religión o en el sexo[67], como demuestra ampliamente la praxis de casi todos los Estados "liberales" y como en síntesis lo indica la incapacidad del mismo "Estado liberal" para superar los límites del "derecho al voto" como privilegio de sólo una parte de la sociedad (la garantía efectiva del sufragio universal, es decir del derecho al voto de todas las personas adultas,

---

[66] Cfr. G. Ferrara. "Corte costituzionale e principio d'eguaglianza", en N. Occhiocupo (ed.), *La Corte costituzionale tra norma giuridica e realtà sociale*, Bologna, 1978, p. 100.
[67] Cfr., entre tantos, P. Calamandrei. "L'avvenire dei diritti di libertà", prefacio a F. Ruffini. *Diritti di libertà*, 2a. ed., Firenze, 1946, p. XXV; E. W. Böckenförde. "Die soziale Grundrechte im Verfassungsgefüge", en Böckenförde-Jekewitz-Ramm (eds.). *Soziale Grundrechte*, Heidelberg-Karlsruhe, 1981, p. 9; B. Caravita. *Oltre l'eguaglianza, cit.*, p. 64.

no se encuentra en ningún Estado durante el período liberal). La previsión de bases específicas de exclusión de discriminaciones ha permitido, por el contrario, conferirle un sentido normativo directo al principio de igualdad formal (que se refleja en la presencia en cada sujeto de una pretensión jurídica *ad hoc*, que induce a algunos, en especial a la doctrina y la jurisprudencia alemanas, a hablar de un "derecho a la igualdad") y configurarlo como fundamento primero (o cláusula general comprensiva) de una serie de derechos constitucionales más particulares, muchos de los cuales son propiamente "derechos sociales" (por ejemplo, el derecho de todos los ciudadanos a la igualdad en el acceso a los cargos públicos, o el derecho de las mujeres y de los menores a la igualdad en la retribución).

Desde un segundo punto de vista, no se puede olvidar que la prohibición general de discriminación, una vez puesta en relación con la política de justicia social querida por las constituciones democráticas, ha llevado a interpretar el principio de igualdad formal como fundamento primero del criterio general de "razonabilidad", al que debe someterse toda intervención legislativa. Este aspecto, que en realidad era desconocido en la época liberal, nace históricamente sólo con el desarrollo concreto del moderno "Estado social"[68]. Se trata, más precisamente,

---

[68] Cfr. G. Ferrara. *Corte costituzionale, cit.*, p. 101; A. Baldassarre, en N. Occhiocupo (ed.), *La Corte costituzionale, cit.*, pp. 121 ss.

de una exigencia que nace del reconocimiento en la Constitución de una serie de valores que indican direcciones diferentes en abstracto o, incluso, opuestas –esencialmente los valores de libertad individual y los de justicia social– que pueden reducirse a orientaciones normativas homogéneas o armónicas sólo a través de una delicada labor de equilibrio recíproco y a través de una referencia a los aspectos empíricos del fenómeno por reglamentar que resulte apropiada en términos probabilísticos (precisamente: "razonable") respecto de la finalidad constitucional (por lo general de justicia social) que se persigue. Si es así, resulta claro que, incluso desde la perspectiva apenas examinada, el principio de igualdad formal se sitúa en relación directa con los "derechos sociales", puesto que si históricamente el desarrollo de la igualdad "razonable" surge como consecuencia de la realización práctica de los valores conexos o implicados por los "derechos sociales", por el contrario, desde el punto de vista lógico normativo el principio de igualdad formal (razonable) se pone como una condición o una premisa, o bien, en una palabra, como uno de los fundamentos respecto del reconocimiento efectivo de esos "derechos" como valores constitucionales supremos (al lado de los de libertad).

En apariencia es mucho más obvia la referencia a la así llamada igualdad sustancial (art. 3.2) como fundamento axiológico de los "derechos sociales"[69]. En realidad esta opinión, que tiene origen en la propia Asamblea Constituyente[70], es verdadera sólo en parte: o, mejor, lo es de la misma manera que es verdadera para el principio de igualdad formal (art. 3.1), que, a diferencia del principio de la "dignidad humana", es el fundamento de *muchos* "derechos sociales", *pero no de todos* (ciertamente no, por ejemplo, del derecho a la salud). Ello no significa, sin embargo, que el artículo 3.2 sea una norma que sustancialmente repite la que expresa el inciso precedente (en el sentido de que reformule el principio de igualdad formal en términos de acceso a la titularidad de los derechos constitucionalmente garantizados), si no precisamente una "norma en blanco" carente de significado normativo. Esta interpretación, sumamente difundida en Italia[71], se sitúa en realidad en ese surco cultural, ya examinado, que identifica de manera equivocada el

---

[69] Cfr. por ej. F. Pergolesi. *Alcuni lineamenti dei "diritti sociali"*, Milano, 1953, p. 38; U. Natoli. *Limiti costituzionali dell'autonomia privata nel rapporto di lavoro*, Milano, 1955, p. 72; M. Milazzo. *Diritto al lavoro, cit.*, pp. 87 y 112 ss.; L. Paladin. *Il principio costituzionale di eguaglianza*, Milano, 1965, p. 319; L. Basso. "Per uno sviluppo democratico nell'ordinamento costituzionale", en AA. VV. *Studi per il XX anniversario dell'Assemblea Costituente*, IV, Firenze, 1969, pp. 17 ss.; P. Biscaretti di Ruffia. "Uguaglianza (principio di)", en *Novissimo Digesto italiano*, Vol. XIX, Torino, 1973, p. 1092; A. Barbera-F. Cocozza-G. Corso. "Le libertà", en Amato-Barbera (eds.). *Manuale, cit.*, p. 283; B. Caravita, *op. cit.*, pp. 64 ss., con bibliografía.

[70] Véase *Relazione alla Costituente*, I, pp. 145 ss.

[71] Cfr. por ej. C. Esposito. *La Costituzione italiana, cit.*, pp. 18 s. y 62 ss.; M. Mazziotti. *Diritto al lavoro, cit.*, pp. 113 ss.; del mismo, *Diriti sociali, cit.*, p. 804; C. Rossano. *L'eguaglianza giuridica nell'ordinamento costituzionale*, Napoli, 1966, p. 417; L. Paladin. *Il principio costituzionale, cit.*, pp. 321 ss. y 325; S. P. Panunzio. *Sciopero e indirizzo politico*, Roma, 1974, p. 136.

principio democrático de igualdad con el principio tradicional, propio del Estado (de derecho) liberal; la pérdida de perspectiva histórica que de ello resulta es, en realidad, el fruto de una suerte de ecceso de celo de quien pretende oponerse a la opinión igualmente errada y opuesta que, al interpretar en sentido positivo la escéptica frase de Calamandrei sobre la "revolución prometida", ve en la disposición en examen una supernorma dirigida a permitir la transición hacia una situación de "igualdad de los puntos de llegada" o hacia la negación de los principios liberales democráticos (si bien están en la base de la Constitución misma) en favor del socialismo[72].

En efecto, las dos posiciones contienen una evidente distorsión del artículo 3.2, cuando menos si éste se interpreta liberando el terreno de ideologismos y de escogencias personales.

En efecto, aparte que las opiniones mencionadas viven hasta el fondo, casi históricamente, la contradicción interna de considerar una cierta norma como la negación de su mismo ser norma o bien del sentido de conjunto del sistema constitucional en que se encuentra, el hecho es que, al establecer la disposición de finalidad, o, si se quiere, el programa con el cual los poderes públicos deben tratar de eliminar las diferencias económicas y sociales que constituyan un obstáculo, de hecho, para el goce efectivo

---

[72] Cfr. espec. C. Lavagna. *Istituzioni, cit.*, p. 408; P. Rescigno. *Persona, cit.*, p. 391; F. Galgano. *Le istituzioni dell'economia di transizione*, Bologna, 1974, p. 27; A. Barbera-F. Cocozza-G. Corso. *Le libertà, cit.*, p. 283.

de la "libertad igual", el artículo 3.2 proporciona una de las definiciones más lúcidas del principio de igualdad en una democracia pluralista. Se trata de un principio que se opone netamente tanto a aquel, propio del "Estado liberal" tradicional, de la igualdad puramente formal (tanto que en ninguna Constitución liberal se puede encontrar un paralelo), como a aquel, típico de la ideología socialista, que coincide con una justicia distributiva total (según las necesidades o según los méritos).

Respecto de este último, la diferencia está en que el artículo 3.2, de manera coherente con el ideal de la democracia como método (o pluralista), no contiene ningún modelo sustancial de justicia distributiva y, por tanto, no expresa ninguna forma de desconfianza hacia éste o aquel sistema, y menos aún hacia un ordenamiento de democracia pluralista (o liberal). En efecto, es una norma que se limita a suponer la posibilidad de que el juego espontáneo de las fuerzas sociales pueda crear desproporciones en la distribución de los poderes y de los recursos sociales y que, para contrarrestar esta eventualidad que puede obstaculizar los objetivos fundamentales de la autorrealización personal (libertad positiva) y de la igualdad, autoriza a los poderes públicos a intervenir en función de corrección y reforma.

A decir verdad, igualmente grande es la distancia que separa el artículo 3.2 de la concepción tradicional, que hipotiza que coincide, en la práctica, con la igualdad formal. En efecto, en este artículo es explícito que el concepto de igualdad allí expresado está en función de la finalidad conjunta de la autorrealización personal (no ya de la mera libertad "natural", o negativa) y de la participación de los trabajadores (cualquiera que sea el sentido que se le deba dar a esta expresión) en la organización económica, social y política: se trata, es decir, de objetivos que están por fuera de todo alcance posible de la igualdad formal (que, como se sabe, está conectada a la idea de la libertad "negativa") y que justifican, aunque no se agotan en ellos[73], los derechos de libertad positiva y los derechos (sociales y políticos) de participación democrática, es decir precisamente aquellos que Leibholz (pero no sólo él), como recordábamos, consideraba inconciliables con el principio de igualdad formal.

En breve, en perfecta armonía con los principios de la democracia pluralista, el principio consagrado por el artículo 3.2 se propone como "fórmula abierta", en cuanto autoriza a los poderes públicos una amplia gama de opciones de política social[74], siempre que respeten el horizonte de una forma político-constitucional fundada en los principios de la democracia pluralista y el "Estado constitucional". En este sentido, si se quiere, se puede decir que el artículo 3.2 tiene un significado análogo, si bien de contenido diferente, al de la disposición del artículo 20 superior de Alemania Occidental, relativa al principio del

---

[73] Cfr. B. Caravita. *Oltre l'eguaglianza, cit.*, pp. 64 ss.
[74] Véase en este sentido G. Bognetti. *Il modello economico, cit.*, p. 348.

"Estado social" democrático[75], principio respecto del cual se ha observado por estudiosos autorizados[76] que lejos de ser una "norma en blanco" o carente de un sentido específico expresa, a través de una cláusula elástica y abierta, un programa de intervención activa y positiva con el fin de asegurar las condiciones esenciales o mínimas para que cada ciudadano tenga igualdad de oportunidades de libertad[77].

Bajo este aspecto, el artículo 3.2, si no remite a ideales abstractos de justicia posiblemente antitéticos con el sistema constitucional vigente, tampoco es en absoluto repetitivo por lo que hace al concepto de igualdad formal expresado en el artículo 3.1. Respecto de éste es, si acaso, complementario, en el sentido que mientras aquel establece una prohibición (negativa) de discriminar arbitrariamente a los ciudadanos, garantizando así una "igual dignidad social", el artículo 3.2 autoriza a los poderes públicos, y en primer lugar al legislador, a realizar intervenciones positivas dirigidas a crear las condiciones efectivas para una *equal liberty*[78].

---

[75] Cfr. por ej. A. M. Sandulli. "Stato di diritto e Stato sociale" (1963), en *Scritti*, Napoli, 1989; *contra*, B. Caravita. *Oltre l'eguaglianza, cit.*, pp. 21 ss.
[76] Cfr. E. Benda. *Die soziale Rechtsstaat, cit.*, espec. pp. 510 ss., 515 ss. y 535 ss.
[77] Véanse las lúcidas páginas de J. Rawls, *A theory, cit.*, pp. 75 ss., 152 ss. y 195 ss., sobre la conexión de este concepto de igualdad con un ordenamiento democrático y sobre la necesidad política, para éste, de reducir la distancia "de partida" y crear "igualdad" de oportunidades entre los miembros de la sociedad más afortunados y los menos favorecidos, de acuerdo con la regla del "máximo del mínimo"; entre los juristas italianos cfr. también B. Caravita, *op. cit.*, pp. 73 ss.
[78] Cfr. de manera análoga, en relación con la cláusula del "Estado social", *BVerfGE*,

Se trata, entonces, de una complementariedad que tiene su justificación en el hecho que uno y otro aspecto reconocen su núcleo de valor esencial en la "dignidad humana" y en la autorrealización personal, que implican un ordenamiento de las relaciones sociales fundado en el reconocimiento a todos de la misma dignidad de hombre ("igual dignidad social"). Interpretado así, el principio de la llamada igualdad sustancial se erige en una norma de finalidad, que, como toda norma programática, comporta un triple efecto preceptivo: 1. El de autorizar a los poderes públicos a actuar conforme a los fines establecidos; 2. El de contribuir inmediatamente a la interpretación de los valores constitucionales positivos; 3. El de servir de parámetro de constitucionalidad respecto de leyes que contrasten con las finalidades contenidas en ella[79]. En esta dirección, el artículo 3.2 va más allá del significado de servir de fundamento general de los "derechos sociales" establecidos en la Constitución, tanto que justifica incluso la adopción legislativa de derechos "ulteriores", que quedarán, como es obvio, privados de rango constitucional. Sin embargo, en su relación con los "derechos

---

33, pp. 303 ss., así como, en doctrina, H. H. Rupp, "Vom Wandel der Grundrecht", en *AöR*, 1976, pp. 537 ss.

[79] En tiempos recientes la Corte Constitucional ha aplicado en repetidas ocasiones, en los juicios de constitucionalidad, el artículo 3.2 constitucional, "revitalizando" así un principio anteriormente del todo olvidado: cfr. por ej. las sentencias 61 y 341/1991 y 109/1993 (esta última a propósito de las "acciones positivas" en favor de las personas de sexo femenino).

sociales" constitucionales, éste cualifica su concepción, al negar, por las razones ya indicadas, la legitimidad tanto de las interpretaciones "individualistas"[80] como de aquellas "colectivistas" (como las antes vigentes en los ordenamientos de Europa Oriental, que subordinaban la titularidad de tales derechos a la pertenencia a colectividades, a cuyos intereses los mismos derechos estaban subordinados)[81].

La interpretación que deriva de ello remite, más bien, al núcleo de valor implícito en la "igual dignidad social" (art. 3.1) y en la exigencia, expresada en el segundo inciso, de la plena autorrealización personal en los diferentes sectores de la vida colectiva (libertad positiva)[82].

De acuerdo con estos valores, propios de un sistema constitucional democrático-pluralista, como el nuestro, los "derechos sociales" expresan la tensión dialéctica entre individuo y colectividades particulares[83], y por ello constan de una variada combinación de momentos individuales y colectivos, con base en la cual la titularidad (y la accionabilidad) de los derechos mismos se articula en los diferentes individuos y/o colectividades par-

---

[80] Como la de M. Mazziotti. *Diritti sociali, cit.*, p. 804.
[81] Cfr. sobre estas concepciones y sobre las diferencias con las concepciones dominantes en los Estados democráticos, espec. G. Brunner. *Die Problematik, cit.*, pp. 30 ss.; P. Badura. "Das Prinzip der sozialen Grundrecht und seine Verwirklichgung im Recht der Bundesrepublik Deutschland", en *Der Staat*, 1975, p. 21.
[82] Véase M. Villone. *Interessi costituzionalmente protetti e giudizio sulle leggi*, Milano, 1974, pp. 213 ss.
[83] Cfr. E. Benda. *Die soziale Rechtsstaat, cit.*, pp. 524 ss.

ticulares, no ya en razón de definiciones a priori, sino del contenido y de los intereses protegidos en cada caso por los diferentes "derechos sociales".

## CAPÍTULO SÉPTIMO
### SIGNIFICADO Y CLASIFICACIÓN DE LOS "DERECHOS SOCIALES" EN LA CONSTITUCIÓN ITALIANA

Si se mira a las leyes ordinarias que contienen el régimen particular de los "derechos sociales" en los diferentes ordenamientos de tradición liberal, es difícil rehuír la conclusión según la cual no se encuentran, entre uno y otro sistema, diferencias dignas de nota[84]. Es más, la impresión que se obtiene es la de una creciente influencia recíproca que, si inicialmente concernía sólo a la identificación de los bienes colectivos por tutelar, ahora se refiere cada vez más también a la concepción general y a las modalidades de protección jurídica.

Sin embargo, si se concentra el análisis en el nivel constitucional, el discurso cambia sensiblemente, puesto que, si bien es cierto que prácticamente en todas partes la mayor contribución a la definición precisa de los "derechos

---

[84] G. Corso. "I diritti sociali nella Costituzione italiana", en *Rivista trimestrale di diritto pubblico*, 1981, pp. 758 ss.

sociales" proviene de la jurisprudencia, y en especial de la jurisprudencia constitucional, la diferencia del punto de partida representado por la Constitución escrita ha terminado por condicionar fuertemente el debate sobre los "derechos sociales" y ha llevado a reconocer a los mismos una dignidad axiológica y una justificación sistemática dotadas de una notable diferencia en los diversos países. Y, en realidad, ciertamente no se puede decir que hacer emerger la problemática constitucional de los "derechos sociales" de aquella propia de los niveles normativos inferiores significa correr el riesgo de una abstracción escolástica, tanto porque en el Estado democrático (-social) la cuestión relativa a tales derechos es, ante todo, una cuestión de derecho constitucional, como porque el núcleo axiológico y el equilibrio de los valores que cada norma constitucional expresa sobre los "derechos sociales" representan un orden superior de principios que se impone o, por lo menos, condiciona la actividad de todos los operadores jurídicos, empezando por el mismo legislador y por el juez de constitucionalidad de las leyes.

Desde este punto de vista, una diferencia especialmente importante, que distingue a la Constitución italiana de todas las demás (con la excepción parcial de la Constitución española de 1978) está en que no se puede extender a ella el juicio que se pronuncia generalmente sobre las constituciones occidentales, en el sentido de ser escasamente significativos los textos constitucionales por lo que se refiere a los "derechos sociales" o, incluso, sobre su "déficit jurídico y social-sicológico" respecto de los mismos derechos[85]. En efecto, no es un misterio que todos los "derechos sociales" reconocidos en la legislación o en la jurisprudencia han tenido hasta ahora una precisa base constitucional, que consta casi siempre de una explícita norma *ad hoc* o, en casos excepcionales (derecho del ambiente), de un conjunto de disposiciones de las que se puede deducir con facilidad la garantía. Y tampoco es un misterio que, por el contrario, existen normas constitucionales sobre los "derechos sociales" que aún no se encuentran desarrolladas o puestas en acto por las leyes ordinarias.

Respecto del juicio que por lo general se expresa sobre las constituciones occidentales, la italiana representa, entonces, una excepción, y es tal también desde un punto de vista todavía más importante: en efecto, ella supone claramente una justificación de conjunto de los "derechos sociales", que no se limita a la relación ya recordada y fundamental tanto con la garantía de los derechos de la persona y de la autorrealización del individuo como con la finalidad de la remoción de los obstáculos a la libertad y la igualdad para el desarrollo de la democracia en el campo político y económico-social, sino que los cualifica ulteriormente a través de la definición de los ámbitos de

---

[85] W. Schmidt. "I diritti fondamentali sociali nella Repubblica Federale Tedesca", en *Rivista Trimestrale di Diritto Pubblico*, 1981, p. 789.

vida social o comunitaria necesarios para el libre desarrollo de la personalidad como formaciones originarias y, como tales, estructuralmente independientes y esencialmente intangibles por parte del Estado. Más exactamente, reconocer los "derechos de la familia como sociedad natural" (art. 29), identificar en el trabajo el valor definitorio o la "base" de valor de la democracia italiana (art. 1°), asignar a la salud la doble connotación, "inusual", de derecho fundamental del individuo y de interés constitucional de la colectividad (art. 32), son afirmaciones que pueden obtener un sentido completo sólo si se interpretan como normas dirigidas a reconocer el valor originario y constitutivo de los respectivos ámbitos de vida social o comunitaria (y por ello "inviolable") respecto del libre desarrollo de la persona, a partir del presupuesto evidente que "sólo en la vida social la experiencia individual se hace persona"[86].

Esta interpretación tiene, por lo demás, una comprobación en los mismos trabajos preparatorios de la Constitución, en el curso de los cuales resultó evidente que la única fuerza política portadora de una concepción general de los "derechos sociales" era la fuerza católico-popular y que esta concepción, frente a las visiones más parciales o menos realistas de los demás, se convirtió en la posición mayoritaria de la Asamblea Constituyente.

---

[86] Véase P. Rescigno. *Persona, cit.*, p. 32.

Frente a un Calamandrei, preocupado en especial por poner en claro las potencialidades garantistas, es decir "negativas", de los "derechos sociales", como límites, de la misma jerarquía de las libertades civiles y políticas, respecto del legislador[87], y frente a los socialcomunistas, para quienes los "derechos sociales" eran esencialmente "órganos" de una promesa de cambio social o anticipaciones de un régimen diferente, considerado más armónico con en anhelado "hombre total" (según la teoría de la así llamada democracia progresiva), la "filosofía positiva" de los católicos-populares aparecía como una propuesta concreta de rearticulación de la estructura constitucional, en virtud de la cual, al lado de los derechos del individuo y de aquellos (poderes) del Estado, se debían reconocer los derechos de las formaciones sociales necesarias para la formación y el libre desarrollo de la persona (familia, educación, trabajo, Iglesia). Así como los derechos del individuo, los derechos de las así llamadas sociedades intermedias y de los grupos menores se debían considerar "inalienables" (como lo expresaba, en el enunciado 7°, el código camaldolés de 1945), como testimonio del carácter originario y de la misma dignidad constitucional de las formaciones sociales y de los derechos base de su existencia.

---

[87] Véase en este sentido G. Vassalli. *Presentazione del Quaderno n. 2 del Circolo Rosselli su "Piero Calamandrei e la Costituzione dell'Italia Repubblicana"*, Roma, marzo 30 de 1988, a quien se debe la reconstrucción más convincente del complejo pensamiento de Calamandrei.

Liberado, respecto de las otras fuerzas políticas, de sus connotaciones iusnaturalistas y organicistas iniciales (si bien de un "organicismo garantista", para utilizar la definición de Gustavo Zagrebelsky[88]), este postulado fundamental de la democracia pluralista, por lo demás ya fuertemente subrayado por las más modernas teorías de los "derechos sociales"[89], penetra sustancialmente intacto en la Constitución italiana, en abierta polémica tanto con el régimen anterior como con una tradición jurídica más lejana, igualmente incapaz de emancipar lo "social" de los "estatal"[90].

Es más, en su relación coesencial y constitutiva con los ámbitos de vida social y con la formación misma de la persona, los "derechos sociales" asumen una connotación opuesta o, por lo menos, diferente también respecto de aquella, típica del *Welfare State*, emergida de la cultura empírica del laborismo[91], que está centrada en la figura de un Estado paternalista dispensador de seguridad social y de los consiguientes beneficios. Para la Constitución italiana, por el contrario, el punto de partida no está dado

---

[88] G. Zagrebelsky. *Società, Stato, Costituzione*, Torino, 1988.
[89] Véase J. Maritain. *Umanesimo integrale* (1936), *cit.*, trad. italiana Torino, 1962, pp. 40 ss.; G. Gurtvitch. *La dichiarazione, cit.*, pp. 92 ss.
[90] Sobre la ambigüedad y sobre la contradictoriedad de los esfuerzos por configurar un "derecho social" en la cultura jurídica de la *Staatslehre*, dominante en Italia hasta la entrada en vigor de la Constitución, véase ahora V. Mura. *Statualismo e diritto sociale*, Pisa, 1979.
[91] Véase ahora también R. Dahrendorf. *La libertà che cambia*, trad. italiana, Bari, 1981, pp. 69 ss.

por el Estado, sino que está representado por los lugares y por los vínculos sociales –como la familia, la escuela, el trabajo, el ambiente de vida personal y colectiva– en los cuales y mediante los cuales el individuo se hace persona y se expresa como persona. Los "derechos sociales" constituyen la *trama de valor* de estas relaciones existenciales que, por el contenido axiológico que le es propio, es superior al Estado y vincula sus funciones, colocándose, así, como fundamento de los derechos constitucionales, inviolables en su contenido esencial, en los que consiste, junto con las libertades civiles y los derechos fundamentales del individuo, la "constitución (pluralista) de la sociedad".

Por las razones mencionadas, no puede sorprendernos que, a diferencia de todas las demás constituciones europeas contemporáneas de ella, la Constitución italiana contenga en su texto mismo una clasificación de los "derechos sociales" desde el punto de vista temático, que, armónicamente con el significado asignado a tales derechos, los ordena en función de su inherencia a las diferentes formaciones sociales a que se refieren (trabajo, familia, educación, ambiente de vida personal y colectiva). A este criterio de clasificación se atiene también la exposición de los "derechos sociales" constitucionalmente garantizados que sigue a continuación[92].

---

[92] Clasificaciones temáticas, si bien de otro tipo, se encuentran formuladas también por T. Tomandl, *Der Einbau, cit.*, p. 7; F. Van der Ven. *Soziale Grundrechte*, Köln, 1963,

## 1. El trabajo

Las primeras y más importantes elaboraciones de los "derechos sociales" (por lo menos desde el punto de vista de la teoría política) surgen precisamente a propósito de los derechos inherentes al mundo del trabajo y, en especial, a propósito del "derecho al trabajo". No es casual, por tanto, que este "derecho" se reconozca universalmente como el "centro y arquetipo" de los derechos sociales[93] o como "principio directivo del Estado social"[94], pero, al mismo tiempo, se considere también como el más controvertido y huidizo de los "derechos sociales"[95].

### a. El derecho al trabajo (art. 4°)

La definición actual del contenido de este "derecho" no puede no tener en cuenta el hecho que a éste, en casi dos siglos de debates y de legislación (también constitucional), se le han atribuido numerosos significados. Algunos meses antes del inicio de los trabajos de nuestra Asamblea Constituyente, uno de los más autorizados sostenedores

---

pp. 44 ss.; G. Brunner. *Die problematik, cit.*, pp. 11 s.; W. Schmidt. *I diritti fondamentali, cit.*, pp. 788 ss.

[93] La definición es de Isensee y se encuentra citada en W. Schmidt, *Op. cit.*, p. 788, nota 9.

[94] P. Badura. *Das Prinzip, cit.*, p. 20.

[95] Véase, por todos, W. Schmidt, *op. cit.*, p. 788; J. Isensee. "Verfassung ohne soziale Grundrechte", en *Der Staat*, 1980, p. 377, que lo define como un "camaleón normativo".

de los "derechos sociales" repetía una vez más que en el "derecho al trabajo" debían comprenderse, además del derecho a desempeñar un trabajo según las propias capacidades y la propia preparación, también el derecho a una retribución equitativa, el derecho de los trabajadores a la coparticipación en las utilidades de la empresa, el derecho a la contratación colectiva y a institutos de conciliación para los conflictos laborales, así como el derecho a recibir una indemnización en caso de desempleo involuntario[96].

Se trataba de una de las últimas manifestaciones –por lo demás aún no del todo desaparecidas, como demuestra el artículo 35 de la Constitución española, que reglamenta al mismo tiempo el derecho al trabajo y el derecho a una retribución suficiente[97]– de una tradición cultural que considera el derecho al trabajo como el símbolo del conjunto de los derechos fundamentales garantizados a los trabajadores, como tales, y, por consiguiente, lo trata como la *pars pro toto* respecto de este conjunto de "derechos sociales".

La Constitución italiana no se sitúa, ciertamente, al interior de esta tradición, aunque contiene un eco lejano, que se refleja tanto en el hecho, reconocido también por la Corte Constitucional (sentencia 98/1973, y también 13/1961), que el "derecho al trabajo" representa el principio

---

[96] Cfr. G. Gurtvitch. *La dichiarazione, cit.*, pp. 111 ss.
[97] Véase al respecto también P. Badura. *Das Prinzip, cit.*, pp. 22 ss.

inspirador y la norma fundamental del conjunto de los derechos y de las disposiciones concernientes a las relaciones laborales (arts. 35 ss.), como en el significado relativamente complejo que el "derecho al trabajo", si bien restringido a su acepción más específica, aún conserva.

En la primera época de la historia constitucional de la República, cuando la misma Constitución y su interpretación eran objeto de lucha política y reflejaban profundamente el conflicto de valores que dividía a los principales partidos, el debate sobre el significado por asignar al "derecho al trabajo" se ligó directamente a la controversia de fondo, que caracteriza el origen (socialista) de este "derecho" y su posterior desarrollo en la época de la sociedad industrial. En otros términos, la alternativa se planteó, entonces, entre el significado propio de la tradición del socialismo y del comunismo, que lo hace coincidir con el derecho a tener un puesto de tabajo y a mantenerlo y aquel, más débil, propio de la tradición solidarista o del socialismo democrático, que lo hace pertenecer al ámbito de la así llamada garantía social (como la denominaba la Constitución jacobina de 1793), identificándolo, en especial, con un principio dirigido a constituir una fuente de deberes para todos los poderes públicos (incluido el legislador) y para la colectividad entera con el fin de que creen las condiciones para garantizar a toda persona el desarrollo de una actividad laboral que le permita vivir una vida digna.

Si bien es perfectamente comprensible que en la Italia atormentada por el problema del desempleo el debate sobre el "derecho al trabajo" se ligara a la temática más antigua y radical de su historia plurisecular, el hecho es que un "derecho al puesto de trabajo" puede garantizarse como pretensión jurídica tutelada (tanto en la forma de un derecho subjetivo como en la de un interés legítimo) sólo en el ámbito de un sistema en que el poder público esté en condiciones de gobernar libremente la demanda de trabajo, es decir al interior de un régimen fundado en la propiedad pública de los bienes económicos. Pero, como indicara entonces Manlio Mazziotti[98], y como afirma una jurisprudencia más que reiterada de la Corte Constitucional (por ejemplo, sents. 81/1969, 174/1971, 9/1973, 45/1975, 194/1976, 183/1980, 15/1983, 2 y 176/1986), el "derecho al trabajo" no puede entenderse como "derecho a obtener un puesto de trabajo y a conservarlo", si hace parte de un ordenamiento, como el nuestro, que reconoce entre sus principios fundamentales la libertad de profesión y la de iniciativa económica privada (arts. 4° y 41 constitucionales) y, por tanto, acepta también en el campo del trabajo el principio del libre mercado, si bien morigerado y corregido con intervenciones públicas con finalidad social y, en especial, para la tutela de determinadas categorías especialmente desfavorecidas[99].

---

[98] M. Mazziotti. *Diritto al lavoro, cit.*, pp. 60 ss.
[99] Que el sistema del empleo obligatorio en favor de algunos sectores no contradice

De ahí que no quepa duda que, como norma referida al empleo, el artículo 4°, en la parte en que se ocupa del "derecho al trabajo", establece un valor constitucional "inviolable", de acuerdo con el artículo 2° (véase Corte Const., sents. 414/1991 y 108/1994), que, por una parte, vale como el principio interpretativo más importante de todas las demás normas en materia económico-social y, por otra, contiene un programa y un compromiso constitucional que obligan al legislador y a los demás poderes públicos a implementar una política económica orientada a maximizar el empleo (Corte Const., sents. 3/1957, 13/1961, 277/1968, 98/1973 y, en especial, 248/1986). Desde este punto de vista, el artículo 4° constitucional es una norma programática cuyo desarrollo corresponde en especial al legislador ordinario que, mediante su discrecionalidad política, debe graduarla a través de un razonable equilibrio con otros derechos constitucionalmente garantizados y con otros intereses públicos así mismo merecedores de tutela constitucional[100].

Sin embargo, a medida que el debate sobre el "derecho al trabajo" parecía reducirse a la aceptación común de su

---

la esencia de los principios de libertad antes recordados y, en especial, aquella relativa a la autoorganización de la empresa se afirma por la doctrina —véase L. Mengoni. "Introduzione", en *Commentario dello Statuto dei lavoratori*, U. Prosperetti (dir.), Milano, 1975, p. 24— y por la jurisprudencia constitucional —véase la sentencia 622/1987, pero la Corte ya se había pronunciado en el mismo sentido también respecto de las prestaciones obligatorias de trabajo de tipo solidarista con la sentencia 12/1960—.
[100] Cfr. Corte Constitucional, espec. sentencias 61/1965, 103/1977 y 109/1983, así como 12/1960, 7/1966, 16 y 102/1968, 114/1970, 85/1974, 52/1985 y 248/1986.

significado como directiva constitucional en materia de política ocupacional, la jurisprudencia, más que la doctrina, identificaba paulatinamente nuevos significados, por lo demás ya bien presentes en el debate sobre el tema, desplazando su campo de referencia del problema político del "pleno empleo" al estrictamente jurídico concerniente a la fase constitutiva y a la resolutiva de la relación laboral. Se trata, más exactamente, de significados que se acompañan al anterior, poniendo en claro momentos preceptivos y directamente accionables del "derecho al trabajo". El primero, y acaso el más tradicional, entre estos significados es el que se refiere a la *libertad de elección de una actividad laboral o de una profesión*[101].

Este es un derecho de libertad constitucional clásico, que, en el cuadro oligárquico del Estado liberal decimonónico (monoclase), se consideraba comprendido en la garantía de la "libertad de empresa privada" y que, con la diferenciación del trabajo (en todas sus formas y sus expresiones) respecto de las actividades empresariales y para-empresariales desarrolladas en el moderno Estado democrático (pluriclase), adquiere su autonomía como

---

[101] Para M. Mazziotti (*Diritto al lavoro*, cit., pp. 57 ss. y 72 ss.), quien fue el primer jurista en conectar este significado con el "derecho al trabajo" se trata, es más, del único significado que se puede dar al artículo 4° en términos de derecho subjetivo; por el contrario, de manera más correcta, la Corte Constitucional considera que se trata de uno de los significados del "derecho al trabajo": cfr. sentencias 45/1965 y 248/1986, así como 81/1963, 61/1965, 7/1966, 9/1976, 103/1977, 189/1980 y 15/1983.

forma de tutela específica del trabajo autónomo (incluidas las "profesiones liberales") y del trabajo subordinado[102].

Esta libertad se articula, a su vez, en un aspecto "negativo" y en uno "positivo". Desde este punto de vista ella se especifica como *libertad de acceso al trabajo* o, para ser más precisos, como libertad de limitaciones irrazonables o de barreras al ingreso en el sector de trabajo escogido, en el sentido que, mientras se deben considerar admisibles límites dirigidos a establecer la idoneidad y la posesión de los requisitos necesarios para el desempeño de determinadas profesiones (límites que, para ciertas actividades de especial interés social, pueden traducirse también en actos de autorización, habilitaciones o licencias de la administración pública), se deben excluir todos los vínculos que afectan el contenido esencial de aquella libertad o introducen lógicas o privilegios de tipo corporativo[103].

De manera análoga a lo sucedido en Alemania[104], una

---

[102] Que el "derecho al trabajo" no comprende las actividades empresariales se afirma constantemente tanto por la jurisprudencia ordinaria —por ej., Casación 4577/1978— como por la constitucional —por ej., sentencias 3/1957, 13/1961, 41/1971, 98 y 110/1973, 77 y 83/1974, 59/1976 y 54/1977, y, más recientemente, 181/1993—; *contra*, M. Mazziotti, *op. cit.*, pp. 57 y 72 ss., quien sostiene aún una posición "decimonónica".
[103] Véase en este sentido Corte Constitucional, espec. sentencias 61/1965 y 207/1976, así como, entre otras, 13/1961, 105/1963, 7/1966, 102/1968, 114/1970, (&/1971, 157/1973, 83/1974 y 59/1976; análoga la orientación de la doctrina y de la jurisprudencia alemanas: véase A. Mutius. "Grundrechte als 'Teilhaberechte'", en *Verwaltungsarchiv*, 1973, pp. 187 ss.
[104] Véase de nuevo A. Mutius, *op. cit.*, p. 187, así como BVerfGE, 7, p. 398; 17, p. 379; 33, pp. 303 ss.

aplicación especial de este aspecto del "derecho al trabajo" está dada por el *derecho de (igual) acceso a los cargos públicos*, garantizado por el artículo 51 constitucional, allí donde la garantía contenida en el artículo 4° se conjuga con la que representa el principio de igualdad (art. 3°).

Desde el punto de vista "positivo", el derecho-libertad al trabajo se cualifica como *libertad de desempeñar una actividad correspondiente a la propia elección y a las propias capacidades profesionales*, en el sentido que el trabajador empleado para determinado puesto de trabajo para realizar ciertas tareas profesionales debe ser puesto en condiciones de desempeñar funciones que correspondan de manera razonable al cargo profesional para el que ha sido contratado, salvo determinación diferente del interesado (o de sus representantes) de acuerdo con el empleador, en caso de imposibilidad objetiva sobreviniente[105].

No obstante el "derecho al trabajo" no implica, como hemos visto, un derecho a la estabilidad en el puesto de trabajo[106], se da aun otro significado del "derecho del trabajo" que se refiere al momento de la resolución de la relación laboral: precisamente, el *derecho de los trabajadores* (subordinados) *a no ser despedidos arbitrariamente*. Este derecho comporta la garantía inmediata para el trabajador

---

[105] Sobre esta libertad véase Corte Constitucional, sentencia 3/1957, así como, más recientemente, 194/1976.
[106] Cfr. R. Scognamiglio. "Il lavoro nella Costituzione italiana", en Il lavoro subordinato nella giurisprudenza costituzionale, Milano, 1978, p. 47; G. Corso. *I diritti sociali, cit.*, pp. 763 ss.

de que el despido pueda presentarse sólo por justa causa o motivo justificado[107].

Se trata de un derecho del que se da una manifestación particular directamente en la Constitución, en el artículo 51.3 (que prohíbe el despido de los trabajadores llamados a desempeñar cargos electivos), un derecho que tiene sus raíces en la garantía de la "dignidad humana" establecida de manera general en el artículo 2° constitucional y citada también como límite al desarrollo de la libertad de iniciativa económica privada por el artículo 41[108].

El cuadro recién delineado sobre la base de la ya abundante jurisprudencia constitucional sobre el "derecho al trabajo" se encuentra bastante estabilizado. La rica fantasía de la realidad, verdadero alimento de una jurisprudencia sensible e innovadora, ha desmentido una

---

[107] Así la Corte Constitucional, sentencias 176/1986 y 97/1987, la cual, si bien bajo la forma de una invalidez sobreviniente, ha invertido el precedente contrario establecido por la sentencia 129/1976; en el mismo sentido véase, más recientemente, sentencias 331/1988, 60/1991 y 469/1991. Por otra parte hay pronunciamientos anteriores de la Corte que, a partir del principio de la "continuidad", afirmaban la necesidad de garantías debidas y de oportunas limitaciones respecto del despido de trabajadores tanto en el sector privado como en el público: véase sentencias 45/1965, 81/1969, 194/1970, 47/1976, 189/1980, 15/1983, 41 y 61/1991; en forma coherente la propia Corte excluyó la validez del derecho en cuestión para el período de prueba con la sentencia 189/1980.

[108] Al contrario de lo que considera G. Corso (*I diritti sociali, cit.*, p. 764), el hecho que el comportamiento en cuestión se considere como límite a la libertad de renuncia del empresario con base en el artículo 41 no impide la posibilidad de que éste sea objeto de un derecho garantizado por el artículo 4°: en efecto, las normas no son mónadas y hace parte de la lógica jurídica usual que lo que está garantizado como derecho para una parte se considere como límite para la libertad de la contraparte.

vez más las previsiones melancólicas de juristas inclinados a una relativa inutilidad o al carácter esencialmente declamatorio del artículo 4° constitucional. En efecto, al "derecho al trabajo" están sólidamente ligados no sólo significados proyectados hacia el futuro (programáticos), sino también significados inmediatos y preceptivos, que se refieren tanto a situaciones externas a la relación laboral como a aspectos internos a esta relación[109].

Y en realidad tampoco se pueden excluir desarrollos ulteriores ligados a la relación sumamente estrecha que la jurisprudencia constitucional (especialmente las sents. 176 y 248/1986, así como 174/1971) siempre ha instaurado entre el "derecho al trabajo" (art. 4°), por una parte, y los derechos inviolables de la personalidad (art. 2°) y el principio de igualdad (art. 3°), por otra: la fuerza mayéutica del artículo 2° respecto de la tabla de los derechos contenidos en la Constitución y la extensión universal del artículo 3° constitucional a las relaciones jurídicas podrían, en efecto, abrir nuevos campos de aplicación del "derecho del trabajo" en armonía con la evolución de la sensibilidad de la opinión pública y de la apertura del trabajo hacia nuevas fronteras[110].

---

[109] Al contrario de lo que había manifestado la doctrina: véase últimamente G. Corso, *op. cit.*, p. 764.
[110] Un caso que parece confirmar la que entonces era una previsión lo constituye la sentencia 726/1988 de la Corte Constitucional, en la que, sobre la base del artículo 4° de la Constitución, se reconoce un "derecho a la contratación laboral por parte de los familiares de las víctimas del deber". Véase también sentencias 726 y 829/1988.

## b. Derecho a una retribución "proporcionada" y suficiente para vivir una vida digna (art. 36.1)

El derecho contenido en el artículo 36.1 estaba ligado una vez al "derecho al trabajo" en la forma del "derecho" a desempeñar una actividad laboral retribuida de manera equitativa; este derecho es objeto de una norma autónoma, que se articula en una doble pretensión jurídica: la de obtener una retribución proporcionada a la cantidad y calidad de trabajo prestado ("derecho a una retribución proporcionada"); y la de obtener una retribución "suficiente para asegurar a sí mismo y a la familia una existencia libre y digna". Se trata de dos derechos diferentes —como consideran tanto la doctrina[111] como la jurisprudencia constitucional (sents. 30/1960, 41/1962, 74/1966)— que, sin embargo, en la determinación concreta de la retribución se integran recíprocamente. En efecto, mientras el de la retribución "suficiente" denota la pretensión de una retribución global que no esté por debajo del nivel mínimo, considerado en determinado momento histórico y en las condiciones de vida concretas, necesario para asegurar al trabajador y a su familia una existencia libre y digna, el derecho a una retribución "proporcionada" garantiza a quien trabaja una razonable correlación de la propia retribución con la cantidad y la

---

[111] Se puede ver, por todos, T. Treu. "Commento all'art. 36", en *Commento costituzionale Branca, cit.*, pp. 72 ss.

calidad de la actividad prestada. En otras palabras, mientras un principio da derecho a una retribución no inferior a los estándares mínimos necesarios para vivir una vida a la medida del hombre (según el principio de la "dignidad humana", de acuerdo con el artículo 2° constitucional), el otro garantiza al trabajador el derecho a una recompensa razonablemente vinculada al trabajo prestado —tanto desde el punto de vista de la cantidad (en lo que hay una exigencia de equivalencia con prestaciones análogas), como desde el punto de vista de la calidad (en lo que hay una necesidad de personalizar y de individualizar la compensación)— según parámetros fijados de manera general por el artículo 3° superior. El uno establece un límite "negativo", absolutamente insuperable (Corte Const., sentencia 209/1975); el otro contiene un criterio "positivo" de carácter general (en el sentido de que no garantiza mecanismos especiales de adecuación: Corte Const., sents. 44/1980, 34/1985 y 124/1991).

Como reconocen de forma unánime tanto la doctrina como la jurisprudencia, el artículo 36.1 reconoce un derecho de la persona como trabajador y, por tanto, un derecho social "inviolable", según el artículo 2° constitucional, que, en cuanto tal, es irrenunciable (si bien la pretensión incorporada no es imprescriptible)[112]. Un derecho también inmediatamente accionable, cuya

---

[112] Véase Corte Constitucional, sentencias 75/1964, 10/1970 y 36/1980, así como, con anterioridad, Casación 1745/1961.

violación, directamente comprobable por el juez, comporta la nulidad de los acuerdos o de las cláusulas retributivas inherentes a la relación laboral demandada[113].

La naturaleza preceptiva del artículo 36 le atribuye una gran carga a los jueces que, en el ámbito del control jurisdiccional, tienen la tarea de decidir según equidad, es decir según parámetros extremamente relativos e históricamente variables. Si en el pasado los jueces llevaron su intervención hasta los límites extremos del activismo –tanto que indujeron a hablar de una "suplencia" judicial[114]– ahora, por el contrario, la praxis judicial está más correctamente orientada en sentido opuesto, ya sea porque ha ligado sus parámetros de juicio sobre la "retribución suficiente" a los estándares mínimos contenidos en los contratos colectivos[115], como porque resulta cada vez mayor la conciencia que las exigencias en contraste que el juez está llamado a equilibrar en la determinación equitativa de la "retribución proporcionada" pueden prevenir a lo sumo el peligro de decisiones arbitrarias sólo en el caso que el juicio se atenga a los criterios consolidados (si bien empíricos) de la "razonabilidad". Por lo demás, otros límites a la amplia discrecionalidad del juez podrían surgir de la adopción de leyes que, si bien no dirigidas a cristalizar lo que no se puede cristalizar, podrían en todo caso reglamentar a

---

[113] Véase la jurisprudencia apenas citada.
[114] Véase la reconstrucción histórica de T. Treu. *Commento, cit.*, pp. 89 ss.

grandes rasgos la materia para hacer menos irracional el sector de las retribuciones laborales[116].

Si bien resulta seguramente enfática su definición como clave de bóveda de la relación laboral[117], no cabe duda que el artículo 36.1 garantiza los más importantes derechos sociales internos a la relación laboral. Al igual que los derechos de la persona en cuanto trabajador, los derechos a una retribución "proporcionada" y "suficiente" no pueden no aplicarse a todas las retribuciones, cualquiera que sea su forma (véase, sobre una retribución bajo la forma de participación en las utilidades, Casación 2928/1966), debidas por actividades profesionales (Corte Const., sent. 60/1967) y no directamente ligadas a títulos diferentes del trabajo (como los cargos públicos, el resarcimiento del daño, las prestaciones asistenciales o solidaristas, etc.: véase Corte Const., sents. 35/1973, 70/1980, 131/1982)– e inherentes a todo tipo de relación de trabajo subordinado (incluido el aprendizaje), tanto privado como público (no pocas sentencias del juez administrativo consideran el artículo 36 como una norma programática respecto del empleo público: pero esta

---

(También se puede consultar, al respecto, Marco Cammelli. "Crisis de los mecanismos reguladores y suplencia judicial en Italia", en *Revista Derecho del Estado*, N° 4, abril de 1998, pp. 89 a 123. N. d. T.).
[115] De nuevo Treu, *Op. cit.*, pp. 105 ss.
[116] *Ibidem*.
[117] Así Treu, *Op. cit.*, p. 73, en relación con la afirmación de F. Pergolesi. "Introduzione", en U. Borsi-F. Pergolesi (eds.). *Trattato di diritto del lavoro*, I, Padova, 1958, p. 232.

jurisprudencia está en evidente contradicción con la naturaleza de los derechos allí garantizados y con las reglas interpretativas más elementales, que prohíben otorgarle a una misma disposición un valor diferente según el campo de aplicación, más aún si se tiene en cuenta que con la ley sobre el empleo público de 1983 también en este sector se introdujo el principio contractual y que el decreto legislativo 29/1993 sentó las bases para una paulatina unificación de la relación de trabajo público con el privado). Sin embargo, al referir estos derechos sólo a relaciones de trabajo subordinado, la Corte Constitucional interpreta la subordinación en sentido muy amplio, de tal manera que comprende en la práctica cualquier retribución no determinada por el mercado[118].

Por último, la actualidad de los derechos garantizados por el artículo 36 impone que la "suficiencia" y la "proporcionalidad" de la retribución se evalúen también en relación con el momento de la percepción de la compensación, y no sólo en aquel, hipotéticamente diferente, de su maduración jurídica[119].

c. Derecho al descanso y a las vacaciones (arts. 36.2 y 36.3)

El derecho al descanso y a las vacaciones (ambos

---

[118] Véase sentencias 75/1964, 112/1967 y 36/1980, que conectan el artículo 36.1 con los honorarios de los notarios, los consultores técnicos del juez, los abogados.
[119] Corte Constitucional, sentencia 408/1988 que, cambiando de parecer respecto de la sentencia 139/1981, considera revalorizables los créditos de trabajo.

retribuidos) se consideran de manera unánime, por la doctrina como por la jurisprudencia (Corte Const., sents. 76/1962, 146/1971, 94/1976, 559 y 616/1987, 543/1990, 452/1991), como derechos subjetivos perfectos, irrenunciables e inalienables, propios de la persona como trabajador y, por ello, "inviolables", según el artículo 2° constitucional. De acuerdo con una larga tradición, ambos derechos están establecidos para la tutela de la personalidad moral (a través de la garantía del tiempo libre, de la recreación y de la participación en la vida de la propia comunidad de afectos) como de la física (a través de la garantía de la reintegración de las propias energías psicofísicas), de manera que aparecen basados en valores constitucionales fundamentales, como la dignidad humana (art. 2°), la participación en la vida comunitaria (art. 3.2) y la salud (art. 32)[120].

En razón de esta función esencial, tales derechos deben garantizarse de manera adecuada, tanto desde el punto de vista de su carácter temporal cíclico (por ejemplo, como ha afirmado la Corte Constitucional, con las sentencias 23/1982 y 16/1969, el descanso semanal debe consistir en veinticuatro horas consecutivas, mientras el anual se debe gozar por cada año de servicio), como desde el punto de vista de las modalidades de goce (por ejemplo, el descanso debe garantizarse en su triple forma –diaria,

---

[120] Corte Constitucional, sentencias 66/1963, 102/1976, 23/1982, 16, 559 y 616/1987, 543/1990.

semanal, anual– sin superposiciones entre una y otra y sin acumulaciones irrazonables de los períodos de descanso: Corte Const., sents. 146/1971, 105/1972, 65/1973, 102/1966, 150/1967)[121].

Por otra parte, estos derechos se deben reconocer con referencia exclusiva a una relación de trabajo, aunque el trabajo sea a domicilio o se refiera al período de prueba (Corte Const., sents. 76/1962, 40/1981, 189/1980, así como Casación 2127/1968) o sea, incluso, ocasional (Corte Const., sent. 452/1991). Por último, cuando la naturaleza del trabajo o la particularidad de la relación (por ejemplo, los directivos) exigen regímenes diferenciados y atípicos del derecho al descanso o a las vacaciones, éste debe estar en todo caso asegurado en su esencia, de tal manera que no se anulen los fines a los que está destinada la figura (sent. 543/1990), siempre que la particularidad del régimen esté sostenida por intereses públicos merecedores de tutela constitucional y esté razonablemente ligada a la especialidad de la relación de trabajo y a los fines que justifican el derecho en cuestión (Corte Const., sents. 150/1967, 146/1971, 105/1972, 65/1973, 101/1975, 16/1987 y, más reciente, 543/1990).

---

[121] En la sentencia 543/1990 la Corte aclara que el derecho constitucionalmente protegido al disfrute infra-anual de las vacaciones no se debe considerar como absoluto, sino que puede ser derogado, en especial en caso de que la actividad desempeñada por el trabajador esté ligada a servicios de utilidad pública realizados por la empresa de la que depende. En la sentencia 452/1991 la misma Corte precisa que el trabajador tiene un derecho a "recuperar de inmediato" el descanso festivo.

### d. Derechos de las mujeres y de los menores a la igualdad de tratamiento en el trabajo (arts. 37.1, 37.3 y 51.1)

También estos derechos se conectan con reivindicaciones tradicionales en el campo de los movimientos culturales en favor de los derechos sociales de los trabajadores. Si bien denotan contenidos diferentes, que se pueden referir a diferentes aspectos de la relación de trabajo y a condiciones igualmente varias, poseen la característica común de reconocer una pretensión a la igualdad de tratamiento. Por esta razón, en Alemania Federal se consideran parte de los llamados *derechos de igualdad*. En las amplias definiciones de la Constitución se determinan como: derecho de la mujer a la igualdad de acceso a los cargos públicos (art. 51.1); derecho de la trabajadora a un tratamiento igual en el régimen de las condiciones de trabajo y, en igualdad de trabajo, en la retribución, salvadas las reservas necesarias para permitirle a la mujer el cumplimiento de su función familiar esencial y para asegurar a la madre y al niño una protección especial adecuada (art. 37.1) (por ejemplo, Corte Const., sents. 1/1987, 332/1988, 61/1991); derecho de los menores a obtener, en igualdad de trabajo, paridad en la retribución (art. 37.3).

Si bien la jurisprudencia muestra vistosas incertidumbres[122], los derechos en examen son, en su mayoría,

---

[122] Sobre las que se pueden ver las oportunas obervaciones de Treu, *Commento, cit.*, pp. 173 ss.

derechos subjetivos en sentido propio, inmediatamente accionables. Sin duda, es el caso del derecho a la igualdad de acceso a los cargos públicos (art. 51), así como de todos aquellos derechos dirigidos a establecer una paridad entre hombre y mujer en el goce de derechos constitucionales directamente accionables, como el derecho a una retribución "proporcionada" y suficiente (art. 36) o, en general, el derecho a un mismo tratamiento en cuanto a las condiciones generales de trabajo (por ejemplo, sobre la edad mínima para la pensión, Corte Const., sents. 137/1986, 498, 703 y 1106/1988, 498/1988, 371/1989), el derecho de los menores a la igualdad de las retribuciones (art. 37.3, que se consideró "preceptivo" por la Casación, 6419/1980 y 3642/1983), el derecho a la libertad de elección y de acceso al puesto de trabajo sin barreras irrazonables o discriminatorias (Corte Const., sents. 163/1993, 188/1994), así como a no ser despedidos arbitrariamente, según paradigmas ya vistos a propósito del "derecho al trabajo"[123], el derecho al reposo y a las vacaiones, como se garantizan en el artículo 36 constitucional, incisos 2° y 3°.

---

[123] Véase al respecto las sentencias 27/1969 y 46/1993 de la Corte Constitucional sobre la prohibición del despido de la mujer por causa de matrimonio; la 61/1991 que prevé la nulidad del despido de la mujer trabajadora en el período de la gestación y del puerperio; y la 86/1994. En la reciente sentencia 172/1996, por lo demás, la Corte atenúa el carácter absoluto de la prohibición de despido de las mujeres cuyo estado de embarazo es conocido al patrono en el momento del despido mismo. En efecto, se declara la inconstitucionalidad del artículo 2.3 de la Ley 1204 de diciembre 30 de 1971 (Tutela de las trabajadoras madres), en la parte en que no se prevé la inaplicabilidad de la prohibición del despido en la relación laboral en el período de prueba cuando el despido depende del resultado negativo de la prueba.

Sin embargo, en especial en relación con los derechos garantizados por el artículo 37, la Constitución misma prevé que éstos se balanceen y relativicen, en un caso, con las funciones que la mujer[124] desempeña para la tutela de la familia y del niño y con las necesidades ligadas a las particularidades de su sexo[125], y, en el otro caso, con el carácter absolutamente particular del trabajo del menor (que exige un tratamiento y un régimen especiales). De manera que, en relación con estas exigencias, se abre una amplia posibilidad de intervención del legislador y de los contratos colectivos, dirigida a encontrar una razonable composición de los diferentes intereses, incluso a través de normas que deroguen el régimen común, y a prevenir todas las hipótesis en que la igualdad formal se puede traducir, de hecho, en una desigualdad sustancial en perjuicio de la mujer (véase, por ejemplo, el régimen del descanso, que es más "garantista" hacia la trabajadora-madre).

Las observaciones anteriores muestran que los derechos considerados están absorbidos por completo en la lógica del principio de igualdad, en la doble connotación

---

[124] O, en su lugar, el hombre: véase Corte Constitucional, sentencias 1/1987, 276, 332 y 992/1988, 215/1990, 341/1991 y 179/1993; pero véase más recientemente la sentencia 150/1994, en la que, en relación con el derecho de abstención semestral del trabajo en el curso del primer año de vida del hijo, se califica como "propio" y "primario" el derecho de la madre, y de carácter "subsidiario" el del padre.

[125] Véase también Atti Assemblea Costituente, II, pp. 1575 ss., así como las sentencias de la Corte Constitucional 56/1958 y 123/1969.

del artículo 3° constitucional. Por lo tanto, puesto que las diferencias naturales que los derechos en cuestión pretenden igualar pertenecen a una de las categorías enunciadas en el artículo 3.1, es decir, las diferencias de sexo, para ellas vale el principio de igualdad en su acepción reforzada, en el sentido que se puede derogar la igualdad de tratamiento en las condiciones de trabajo entre hombre y mujer –o la igualdad de retribución entre menores y adultos– sólo si existe una relación razonable con un interés merecedor de tutela constitucional y dotado de tal fuerza y valor como para justificar derogar en forma excepcional el principio de igualdad. Por otra parte, como en todos los juicios en materia de igualdad, el equilibrio entre el derecho a la igualdad y los intereses que impulsan hacia la desigualdad se debe realizar teniendo presentes las condiciones sociales existentes en concreto (así, cuando la Corte Constitucional afirmó, en la sentencia 137/1986, la igualdad entre el hombre y la mujer en cuanto a la edad de la pensión, después de que en dos casos anteriores había justificado un régimen diferente, consideró oportuno modificar su posición teniendo en cuenta en especial la evolución histórica de las condiciones de trabajo). Por último, considerando la "debilidad histórica" que caracteriza la posición de las mujeres y de los menores en la relación laboral, es en la igualdad, si bien en aquella relativa a la igualdad de *chances of life* (garantizada en el artículo 3.2 constitucional), que se funda el amplio espacio de intervención de las leyes y de los contratos colectivos con el fin de remover las causas sociales que están en la base de aquella "debilidad" también con "acciones positivas" (por ejemplo, Corte Const., sent. 109/1993)[126].

e. Libertad de emigración (art. 35 *in fine*)

Si bien se trata de un caso particular de la libertad de circulación, y más precisamente, de la libertad de expatriar (art. 16 const.), y si bien es, entonces, un derecho fundamental de carácter "inviolable" (Corte Const., sents. 260/1986 y 278/1992) que tiene su fuente en una libertad civil clásica, la libertad de emigración pertenece sin duda alguna a los derechos sociales en materia de trabajo por la cualificación especial de las finalidades para las que se ejerce esta libertad, es decir para el desempeño en el exterior de un actividad laboral[127].

Se trata, más exactamente, de una actividad que, para ser enmarcada en un ordenamiento extranjero como función económico-social propia de éste (y, por tanto, extraña a la garantía general establecida por el artículo 4° const., considerada por los tres primeros incisos del artículo 35), exige una norma de protección *ad hoc*, paralela al artículo 4° constitucional (por lo que hace a la libertad de trabajar en el exterior), como es precisamente el artículo

---

[126] Véase Treu, *Commento, cit.*, pp. 196 ss., 215 ss. y 230 ss., y allí otras fuentes.
[127] Véase R. Scognamiglio. *Il lavoro, cit.*, p. 68; M. Offeddu. "Commento all'art. 35", en *Commento costituzionale Branca, cit.*, p. 65.

35, último inciso, en especial al considerar el hecho que de la emigración deriva un estatus particular que, como tal, no se puede tutelar de manera adecuada sobre la base de la mera posesión de la ciudadanía.

Si bien estamos acostumbrados, en razón de la dolorosa historia pasada y presente, a considerar la emigración más como una necesidad que como una libertad, no se puede excluir que –como pensaban, por lo demás, los pioneros de este derecho social, motivados por ideales federalistas y comunitarios[128]– la emigración pueda representar en el futuro un derecho de bases más amplias (estando limitada hoy, como libertad, al interior de los países de la Comunidad Europea) y sólidas que las actuales, es decir que sea fruto de una elección auténtica, ni más ni menos que aquella garantizada por el artículo 4° const. Sólo entonces se podrá dar a la libertad de emigración, como derecho social, contornos menos aleatorios y confusos que los que se pueden deducir de la pobre praxis hoy conocida.

f. Libertad sindical (art. 39)

Se trata, como se sabe, de uno de los principales derechos constitucionales garantizados a los trabajadores como tales y que, por tanto, si bien constituye una hipótesis especial de la libertad más general de asociación, reconocida como

---

[128] Véase, por ej., G. Gurtvitch. *La dichiarazione, cit.*, pp. 145 ss.

derecho de libertad civil por el artículo 18 constitucional, representa, en su estricta tipicidad, un derecho social "inviolable" (ciertamente no es casual que el momento histórico del reconocimiento de la libertad sindical sea diferente del momento en que se reconoce el derecho de asociación y que la libertad apenas examinada haya representado uno de los temas fundamentales de los movimientos culturales y políticos en favor de los derechos sociales). Se trata, más precisamente, de un derecho que, al consistir en una libertad, es directamente accionable y tutelable ante el juez. De acuerdo con la doctrina más autorizada[129] y con la jurisprudencia de la Corte Constitucional (sents. 334/1988 y 89/1995), la libertad sindical es, en efecto, un derecho que pertenece a los principios esenciales del régimen constitucional, tanto que se puede asociar a los valores contenidos en los artículos 2° y 3.2 constitucionales.

Su contenido es doble, puesto que se refiere tanto a la libertad (interna) de institución y de organización (véase, al respecto, la sentencia 87/1992, en la que se afirma que la autonomía organizativa que el artículo 39.1 reconoce al sindicato no puede someterse a condicionamientos y limitaciones que no tengan por finalidad otros objetivos constitucionales importantes) como a aquella (externa) de acción y de contratación[130]. La libertad sindical comporta,

---

[129] G. Giugni. "Commento all'art. 39", en *Commento costituzionale Branca, cit.*, pp. 260 ss.
[130] Véase por todos Giugni, "Commento", *cit.*, pp. 274 ss.

por ello, tanto la libertad de los individuos (también al interior de la misma categoría) de fundar sindicatos y de inscribirse en uno de la propia elección, como la libertad de los sindicatos mismos de escoger su propia organización interna, así como de formar (o adherir a) confederaciones, incluso de carácter internacional, y de preparar la organización y el apoyo para el desarrollo pacífico de las diferentes acciones sindicales (manifestaciones, huelgas, etc.) (Corte Const., sents. 15/1975 y 7/1976). Respecto de ésta, la contratación colectiva, en la forma típica históricamente determinada en los diferentes ordenamientos, constituye una "garantía institucional"[131], que puede por ello reglamentarse (por el mismo constituyente o por el legislador) de la manera que se considere más oportuna respecto de los fines institucionales que se le quieren asignar.

Al igual que para los otros derechos sociales, la libertad sindical debe equilibrarse, también por obra del legislador, con otros derechos constitucionales y con intereses de carácter general, salvada la garantía de su "núcleo esencial". Además, con mayor razón no existiendo en nuestro ordenamiento una "reserva de contrato colectivo" (Corte Const., sents. 141/1980 y 34/1985), parece posible la intervención legislativa en materia de régimen de la

---

[131] Si bien en un sentido más amplio respecto del que define C. Schmitt. *Verfassungslehre, cit.*, pp. 213, que limitaba este concepto, en forma arbitraria, al derecho público.

relación laboral, siempre que ésta no lesione los derechos garantizados por la Constitución a los trabajadores y a los sindicatos mismos. Se podría decir que una reserva de contratación colectiva ha sido introducida por el Decreto legislativo 29/1993, que, a través de un complejo mecanismo de deslegalización (art. 2.2 *bis*), le asigna al contrato colectivo, de manera general, el régimen de la relación de empleo público. Sin embargo, el carácter de acto normativo primario de la fuente empleada no permite excluir una intervención posterior de la ley en la misma materia; de ahí que no sea posible hablar en sentido técnico de "reserva", sino, si acaso, de una simple "preferencia" por la contratación colectiva.

g. Derecho de huelga (art. 40)

Junto con la libertad sindical, este derecho ha representado uno de los puntos de fuerza de los movimientos en favor del reconocimiento constitucional de los derechos sociales de los trabajadores. Tras estar, en la primera fase de la experiencia constitucional, en el centro de un áspero debate, también a causa de su difícil inserción en una tradición jurídica de prohibición o de fuertes limitaciones, el derecho de huelga se ha definido paulatinamente, por una jurisprudencia "creativa" que ha trazado sus contornos de manera suficientemente estable y ampliamente aceptada.

Ante todo, la huelga se reconoce, en todas sus formas típicas de abstención del trabajo, como derecho constitucional atribuido tanto a los trabajadores subordinados (privados y públicos), como a los trabajadores independientes[132]. En segundo lugar, la huelga se considera legítima si se ejercita para la tutela de cualquier fin concerniente a los intereses económicos y, por tanto, también en favor o contra actos legislativos o administrativos que reglamenten sectores económicos (impuestos, ahorro, etc.) o, incluso, para finalidades políticas, siempre que no esté dirigida a subvertir el orden constitucional o a impedir u obstaculizar el ejercicio de los poderes legítimos en que se expresa, directa o indirectamente, la soberanía popular[133]. Por último, la huelga no se puede ejercitar de manera que se impida el normal desarrollo de los servicios públicos de interés general (Corte Const., sents. 222/1976, 125/1980, 165/1983, 32/1991 y 276/1993) o se lesionen la libertad y los derechos constitucionalmente

---

[132] Véase Corte Constitucional, sentencia 222/1975, que reconoce la legitimidad de la huelga de pequeños empresarios como protesta ante hechos o disposiciones que incidan en el contenido económico de sus actividades profesionales, concepto reafirmado en ord. 145/1988; véase también Casación, Secc. laboral, 3278 de junio 29 de 1978.

[133] Corte Constitucional, sentencias 290/1974 y 165/1983, así como sentencias 123/1962, 1/1974 y 125/1980 en relación con la función jurisdiccional; véase también sentencia 276/1993, en la que, para el equilibrio con los derechos de los usuarios de los servicios públicos esenciales, se asimila la huelga económico-política a la huelga económico-contractual, extendiendo a la primera la obligación del preaviso mínimo y de indicar su duración.

garantizados a los demás, ya sean de contenido patrimonial (Corte Const., sents. 124/1962, 31/1969 y 220/1975, sobre los derechos de propiedad y de empresa), o consistan en libertades de la persona, tanto de carácter civil como político o social (Corte Const., sents. 290/1974 y 4/1977). Desde este punto de vista, por tanto, se caracteriza como una libertad que debe desarrollarse de manera pacífica y en el respeto de las libertades de los demás, incluida la libertad de los otros trabajadores de no adherir a la huelga y de desempeñar libremente su propia actividad laboral[134].

Sobre la base de los datos jurisprudenciales apenas recordados, resulta claro que la huelga se debe considerar hoy como un *derecho subjetivo de libertad* reconocido a los trabajadores en cuanto tales. Esta caracterización, por lo demás hasta ahora sólo insinuada por la jurisprudencia[135], se deduce sin embargo con suma claridad precisamente

---

[134] En este orden de ideas se pueden consultar las sentencias de la Corte Constitucional ya citadas, y además la 220/1975; véase también la 84/1969, que considera lícito el boicoteo realizado sin violencia ni amenazas, en cuanto se puede conectar con la libertad de manifestación del pensamiento, tutelada por el artículo 21 constitucional; una consideración análoga debería valer para la protesta en el lugar de trabajo, desarrollada en forma pacífica y sin amenazas, y sobre la cual, por el contrario, existe una jurisprudencia ordinaria tan insatisfactoria como contradictoria; sobre la llamada libertad del esquirol véase, en doctrina, R. Scognamiglio. *Il lavoro, cit.*, p. 45; G. Corso. *I diritti sociali, cit.*, p. 764.
[135] Corte Constitucional, sentencia 31/1969, así como 1/1974; véase también Casación 357/1971, que sin embargo sigue todavía la tesis de la doble naturaleza, como libertad y como potestad, sostenida hace años por G. Suppiej. "Diritto di sciopero nel sistema della Costituzione", en *Rivista di diritto del lavoro*, 1965, I, pp. 36 ss.

de los elementos descriptivos adoptados por la misma jurisprudencia[136], como: la titularidad del derecho de huelga reconocida a cada trabajador, y no sólo a los trabajadores subordinados; la posibilidad de ejercitar el mismo derecho no sólo para fines contractuales, sino también para fines generales de naturaleza tanto económica como política (siempre que no pongan en peligro los bienes primarios ya recordados); y, por último, el contenido del derecho mismo, que ya no puede consistir, como consideraba la concepción del derecho potestativo o de la potestad, en la suspensión de la relación laboral (que sin embargo sigue siendo un efecto consiguiente al ejercicio del derecho), sino que consiste más bien en un comportamiento de protesta o de presión hacia la contraparte o hacia alguna autoridad política o administrativa, comportamiento que se manifiesta en la abstención colectiva del trabajo (es decir en un *no hacer* o rechazo legítimo de una prestación de lo contrario debida) motivada por la necesidad de tutelar intereses gremiales.

Como derecho social de libertad garantizado por la Constitución a los trabajadores en cuanto tales, la huelga es, entonces, un derecho subjetivo inmediatamente accionable y tutelable ante el juez, cuyo ejercicio, si se respetan los límites constitucionales ya recordados, anula toda consideración como fuente de hechos ilícitos, ya sean penales o civiles.

---

[136] Véase la exacta reconstrucción de G. Bognetti. *Costituzione, legislazione, sindacati*, Milano, 1988, pp. 57 ss.

## h. Derecho de colaboración en la gestión de las empresas (art. 46)

Si bien también éste constituye una reivindicación clásica de los sostenedores de los derechos sociales de los trabajadores[137], y si bien se propuso y votó en la Asamblea Constituyente precisamente para "dotar de un contenido concreto" el principio solidarista del "predominio del trabajo"[138], el derecho de los trabajadores a colaborar en la gestión de las empresas ha permanecido prácticamente sólo escrito en la Constitución (con la excepción de una aplicación esporádica y muy parcial en algunos contratos colectivos de 1976, que preveían un "derecho de consulta" de los sindicatos en relación con algunas decisiones empresariales, desaparecida muy pronto por la oposición de los empleadores y por la desconfianza de los propios sindicatos).

Por lo demás, ante una realidad, como la que caracteriza las relaciones industriales de estas décadas, dominada por una cultura y una praxis altamente conflictivas, éste, y no otro, tenía que ser el destino de un artículo que, por voluntad expresa, presupone la aceptación común de las "necesidades de la producción" y, por tanto, comporta la existencia de un clima de

---

[137] Véase, por ej., F. Naphtali. *Wirtschaftsdemokratie* (1928), Köln-Frankfurt am Main, 1966; G. Gurtvitch. *La dichiarazione, cit.*, pp. 113 ss.
[138] Así dijo, al proponerlo, Gronchi: Atti Assemblea Costituente, II, p. 1743.

colaboración y de comportamientos cooperativos entre las partes comprometidas en la producción[139]. La actuación de un derecho como el que hemos examinado, que refleja mejor que cualquier otro la inspiración pluralista y solidarista implícita en gran parte de las normas constitucionales sobre las relaciones económicas y sociales, sigue estando ligada al nacimiento de estas condiciones y a la esperanza en el desarrollo de una amplia cultura de la participación –por lo demás valorizada recientemente por importantes aportes teóricos[140] y, acaso, favorecida por las modificaciones estructurales de la economía de nuestros días–.

Por el momento, el artículo 46 constitucional es una norma que, además de desempeñar indudablemente una función como canon interpretativo de la legislación vigente en materia de relaciones industriales[141], introduce el reconocimiento, a nivel constitucional, de un derecho social, que sin embargo no es (inmediatamente) accionable por estar contenido en una norma programática, que contiene simplemente una directiva de acción para el legislador y para los demás poderes políticos, administrativos y judiciales.

---

[139] En este sentido, L. Mengoni. *Introduzione, cit.*, pp. 31 ss.
[140] M. Weitzman. *L'economia della partecipazione* (1984), Bari, 1986; R. Dahl. *A Preface to Economic Democracy*, Berkeley (Cal.), 1985.
[141] De nuevo, véase L. Mengoni, *Op. cit.*, p. 33.

i. Derecho a la asistencia y a la previsión
(arts. 38.1 y 38.2)

Si bien existe una indudable tendencia objetiva hacia su confluencia en un sistema unitario de seguridad social, el origen de los dos derechos garantizados por el artículo 38 const., no obstante estar ligado por una raíz común al mundo del trabajo, es significativamente diferente.

En la tradición teórica de los derechos sociales, el *derecho a la asistencia* se ha elaborado como derecho paralelo al "derecho al trabajo equitativamente retribuido" (es decir a las garantías actualmente previstas en los artículos 4° y 36 constitucionales), en el sentido que, así como a todo ciudadano hábil para el trabajo se le debe reconocer el derecho-deber de desempeñar una actividad laboral y de obtener de ésta medios suficientes de sustento, así mismo a todo ciudadano privado de una adecuada capacidad física para el trabajo se le debe garantizar, sobre la base de la contribución solidarista de todos los miembros de la sociedad (la así llamada garantía social), el derecho de tener un mínimo de medios materiales, en caso de no disponer de ellos, con el fin de que pueda vivir una existencia digna de la condición humana[142].

---

[142] El eco de esta tradición, por lo demás insinuada en algunas sentencias de la Corte Constitucional, como las sentencias 128/1973 y 102/1975, está presente, de manera clara, en G. Gurtvitch. *La dichiarazione, cit.*, pp. 107 ss., que, de manera coherente, reconduce el derecho a la asistencia, al igual que el derecho a un trabajo retribuido, al "primero de los derechos sociales", es decir al derecho a una vida digna del hombre.

En otras palabras, el derecho a la asistencia se caracteriza, desde un comienzo, como derecho social del ciudadano, si bien en su calidad de trabajador potencial, derecho al que se reconoce la misma dignidad constitucional del derecho al trabajo y del derecho a una retribución suficiente, en cuanto, respecto de éstos, constituye una especie de derecho a una "indemnización social", basada en la privación objetiva de la capacidad laboral y, por tanto, en la imposibilidad de gozar de medios normales de sustento ligados a la garantía del derecho al trabajo. Ahora bien, como este último, el derecho a la asistencia responde a la *ratio* de la liberación del hombre de la necesidad y de la miseria. De manera que, pese a estar sin duda ligado al principio establecido por el artículo 3.2, por la finalidad indiscutible de integración social implícita en él, parece más fuerte su relación con las necesidades de la "dignidad humana" garantizada por los artículos constitucionales 2° (derechos inviolables de la persona) y 3.1 (principio de la "igual dignidad social").

Por el contrario, el *derecho a la previsión* se caracteriza, desde su origen mismo, como derecho que corresponde a los trabajadores, entendidos como quienes ejercen actualmente o han ejercitado en el pasado una actividad laboral. En el sistema de los derechos sociales éste ha sido puesto en el mismo plano que los derechos que se refieren al tratamiento que le corresponde a los trabajadores[143], en

---

[143] Véase de nuevo Gurtvitch. *La dichiarazione, cit.*, pp. 115 ss.

el sentido que, al igual que éstos, está dirigido a asegurar medios adecuados para satisfacer las necesidades primarias de los trabajadores como consecuencia de la actividad por ellos prestada. En otras palabras, en el derecho a la previsión siempre ha estado implícita la lógica del intercambio o, a lo sumo, de una solidaridad limitada. Y es por esto que las prestaciones respectivas se han erogado generalmente sobre la base de una aseguración mutua (alimentada, por lo común, por las contribuciones de los interesados o, en todo caso, con fondos a los que contribuyen también los interesados) y que, excepto en hipótesis especiales, se ha respetado esencialmente la correspondencia entre prestaciones previsionales y calidad y cantidad del trabajo prestado, según el criterio de "proporcionalidad" establecido por el artículo 36 constitucional[144].

No obstante, no es posible negar que la praxis de la aplicación, que ha tendido a dilatar la amplitud de los casos de riesgo profesional que constituyen el presupuesto de la erogación de las prestaciones de previsión, ha empañado enormemente, en la percepción de la opinión pública (no sólo italiana), la diferencia de la previsión respecto de la asistencia[145]. En nuestro ordenamiento legislativo, como ha reconocido la propia Corte Cons-

---

[144] Así A. Cerri. "Profili costituzionali del sistema pensionistico", en *Diritto soc.*, 1983, p. 288, de acuerdo con la reiterada jurisprudencia constitucional.
[145] G. Corso. *I diritti sociali, cit.*, pp. 781 ss.

titucional (sent. 31/1986), ciertamente no se puede decir que se hayan superado las diferencias fundamentales que llevaron a reconocer un derecho a la asistencia diferente del derecho a la previsión, tanto desde el ángulo de la titularidad y de las *rationes* como de las modalidades de erogación y de las finalidades (sobre los distintos modelos de seguridad social delineados por el artículo 38 constitucional véase también la sentencia 17/1995)[146].

Es más, con toda probabilidad, para algunas prestaciones de previsión (pensión, reembolso por accidente o enfermedad) existe un núcleo irreductible al concepto de asistencia y que seguirá siéndolo, probablemente, cualquiera que sea la evolución organizativa del sistema de seguridad social: mientras para otras (como, por ejemplo, las prestaciones debidas en caso de desempleo involuntario y de invalidez) el límite divisorio es ya sumamente sutil y, acaso, está destinado a ser superado también en un régimen globalmente diferenciado. Es verdad, en todo caso, que, como ha reconocido de manera expresa el propio constituyente, el legislador es libre de organizar el sistema de asistencia y de previsión de acuerdo con los principios y los criterios que considere más oportunos, al no haber procedido la Constitución a otra cosa que al reconocimiento del derecho a la asistencia, en caso de inhabilidad para el trabajo y de indigencia, y

---

[146] Como, por lo demás, lo sostiene también la doctrina mayoritaria: véase por todos A. M. Sandulli. *Manuale di diritto amministrativo*, 14ª ed., Napoli, 1984, pp. 999 ss.

del derecho a la previsión, en caso de accidente, enfermedad, invalidez y vejez, y desocupación involuntaria[147].

Más allá de las diferencias y de las variables posibles, el derecho a la asistencia y el derecho a la previsión presentan, desde el punto de vista jurídico-constitucional, una identidad estructural, por lo demás análoga a la de los derechos garantizados por el artículo 36 const. (Corte Const., sent. 128/1973), que induce a definir al mismo tiempo sus características fundamentales. En efecto, éstos son derechos sociales cuyo contenido consiste en la pretensión de determinadas prestaciones erogadas por el sistema de seguridad social, basada en disposiciones, como las que establece el artículo 38.1 y 38.2 superior, que la Corte Constitucional considera, con una jurisprudencia reiterada, como preceptivas (sents. 22/1967, 80/1971, 160/1974). Ello significa que se trata de derechos subjetivos en sentido propio (Corte Const., sents. 103/1981, 349/1983), directamente accionables y tutelables judicialmente en presencia de un sistema de seguridad social operante, que la Corte Constitucional ha definido como "principios fundamentales" y derechos "inviolables" (sents. 22/1969, 80/1971, 160/1974, 64/1975, 88/1979, 184/1986, 497 y 1011/1988).

Por esta razón, mientras el derecho de asistencia corresponde al ciudadano sólo por el hecho de su

---

[147] Véase Corte Constitucional, sentencias 24/1971, 160/1974, 91/1977, 31/1986 y 458/1989.

reconocimiento (sea claro: según procedimientos y con las condiciones previstas por las leyes) como inhábil al trabajo y desprovisto de los medios necesarios para su sustento, el derecho de previsión corresponde al trabajador como tal, prescindiendo del tipo de relación de trabajo (público o privado, estatal o regional) al que pertenezca (Corte Const., sent. 238/1978). Y, por la misma razón, uno y otro derecho deben garantizarse de manera uniforme y sin diferencias irrazonables entre sujetos o gremios, por lo menos por lo que hace a su contenido esencial (Corte Const., sents. 160/1974 y 336/1989, pero también 116/1990), de manera que no está permitido a las regiones, en el ejercicio de las competencias que poseen en la materia, establecer regímenes que puedan redundar en disparidades irrazonables en el goce de los derechos mismos[148].

El carácter preceptivo de las disposiciones contenidas en los dos primeros incisos del artículo 38 y la naturaleza de derecho subjetivo perfecto que se reconoce a las pretensiones garantizadas por las mismas disposiciones

---

[148] Véase Corte Constitucional, sentencias 1011/1988 y 336/1989, que de manera aún más decidida excluye que la potestad legislativa de las Regiones de Estatuto ordinario pueda incidir en materia de seguridad social. Esta orientación se acompaña, por lo demás, a la que reconoce a la potestad regional el poder-deber de proporcionar, en estas materias, garantías "de suplencia" y de reglamentar las "modalidades" de goce de los derechos atribuidos a esta esfera (véase Corte Constitucional, sentencia 726/1988). Y tampoco se debe olvidar que la Corte Constitucional ha considerado también a las Regiones como sujetos de deberes inderogables de solidaridad de conformidad con el artículo 2° superior (véase sentencia 829/1988).

no comportan, sin embargo, una marginalidad o, peor aún, una inutilidad del papel del legislador. Es más, la intervención de éste es necesaria con el fin de establecer un equilibrio razonable entre las exigencias implícitas en las necesidades de los posibles beneficiarios y las exigencias ligadas al goce de otros derechos constitucionales y a la persecución de intereses de orden general constitucionalmente significativos. En efecto, es sobre la base de una atenuación legislativa como ésta, si bien siempre cuestionable por lo que se refiere a su constitucionalidad desde el punto de vista de la razonabilidad de los límites previstos[149], que se debe determinar tanto el monto de las prestaciones[150] como la gradación de su goce en relación con los medios económicos disponibles[151] (véase *amplius infra*).

j. Derecho de los inhábiles y de los minusválidos a la educación y a la capacitación profesional (art. 38.3)

Con el reconocimiento de este derecho social, el artículo 38 superior muestra su finalidad global, que es precisa-

---

[149] Por ej., Corte Constitucional, sentencias 103/1981, 230/1983, 26 y 28/1984, 349/1985 y 31/1986.
[150] Así Corte Constitucional, sentencias 128/1973, 160/1974, 190/1982, 105/1985 y 17/1995.
[151] En este sentido se orienta la reiterada jurisprudencia constitucional: sentencias 126/1977, 2/1978, 26/1980, 42/1982, 28/1984, 173/1986, 838/1988, 17/1995 y ordd. 120/1989 y 171/1990.

mente la de no considerar las actividades asistenciales y de previsión como animadas por una mera finalidad de caridad, sino también orientarlas, dentro de lo posible, hacia la reinserción de los inhábiles y de los minusválidos en el mundo del trabajo. El que acabamos de examinar es un derecho que, al no tener como objeto una prestación determinada e identificada, sino consistir en un conjunto de actividades de rehabilitación y educación, no es directamente accionable y tutelable judicialmente, pero reconoce a los minusválidos una expectativa jurídica, ligada al compromiso constitucional de poner a disposición los programas y los medios necesarios para asegurar su educación y capacitación profesional, que, de ser contradicha o no garantizada de manera adecuada por el legislador, produce la inconstitucionalidad de la ley respectiva. Con la sentencia 215/1987, la Corte Constitucional ha hecho propia esta posición, declarando inconstitucional una ley en la parte en que establecía que se "facilitara" la presencia de los minusválidos en la escuela secundaria, en lugar de "asegurarla concreta y efectivamente". Con ello, la Corte consideró el derecho en examen un "derecho a una prestación", y no una posibilidad genérica: un derecho que, en todo caso, requiere de la *interpositio legislatoris*, por lo menos con el fin de identificar y cuantificar la prestación respectiva.

## 2. *La familia*

Si los derechos reivindicados en favor de los trabajadores han constituido el motor principal y más poderoso que ha llevado al reconocimiento en las constituciones modernas de los "derechos sociales", sin embargo, es con respecto a la familia que se presenta el primer reconocimiento, también a nivel constitucional, de derechos garantizados en razón de la pertenencia a una formación social diferente del Estado. Ello se explica, ante todo, con razones de orden histórico, por haber sido la familia, a lo largo de toda la fase anterior al nacimiento del Estado contemporáneo, el principal ámbito social de referencia de la vida pública (o social), además de serlo, como ha seguido siendo después, de la vida privada[152].

Pero en la base del fenómeno hay también razones de orden teórico, que aún persisten, ligadas al hecho que la familia representa el lugar en que el hombre se forma y desarrolla de manera inmediata sus derechos más personales (como el derecho a la vida, a la intimidad, etc.), de manera que entre los clásicos derechos del hombre y los derechos de la familia subsiste una relación mucho más estrecha y más directa que con cualquier otro tipo de derechos sociales. Por ello no es casual que en una de las clasificaciones de los derechos sociales más conocidas,

---

[152] Hasta el punto que Leon Battista Alberti ("I libri della famiglia", en *Opere volgari*, Vol. I, C. Grayson (ed;), Bari, 1960, p. 347) afirma que "la familia es Estado".

mientras prácticamente todos los demás derechos se definen con respecto a relaciones intersubjetivas especiales de los individuos (derechos del trabajador, del consumidor, etc.), aquellos de la familia se definen simplemente, junto con otros pocos, como "derechos sociales del hombre"[153].

Esta última connotación de los derechos de la familia, por lo demás, está presente en la misma Constitución italiana, en el artículo 29, allí donde se subraya su enraizamiento en una "sociedad natural": se trata, en efecto, de un elemento que indica, entre otras cosas, la irreductible originariedad de los derechos de la familia y, por tanto, su relación directa con los derechos inviolables del hombre. En otras palabras, constituyen una integración necesaria de estos últimos, en el sentido que, sin su garantía, muchos derechos del hombre no gozarían del espacio vital indispensable para su ejercicio y para su desarrollo. Dicho esto, no se debe olvidar, sin embargo, que los derechos de la familia se reconocen en todo caso a los individuos en razón de su pertenencia a una formación social tipificada y dependen, por tanto, de la posesión de un estatus particular (padre, hijo, etc.). La proximidad de estos derechos con los del hombre puede, por ello, inducir a definir este estatus como natural o, mejor aún, como natural-social, pero no puede, en todo caso, ocultar del

---

[153] Véase G. Gurtvitch. *La dichiarazione, cit.*, p. 128.

todo ese nexo, que liga los derechos de la familia a muchos otros derechos sociales.

La definición constitucional de la familia como "sociedad natural" tiene también el significado de connotar a la familia misma como una comunidad, precisamente en el sentido de *Gemeinschaft*, es decir de grupo social cuyas relaciones se forjan por un interés común a todos los miembros del grupo, que los trasciende. Se trata, probablemente, de la única comunidad reconocida por la Constitución. Con mayor precisión, ésta es una "comunidad de amor y de afectos". Ello significa que la familia es un conjunto social cuyos miembros están involucrados en la institución misma con la totalidad de sus personas y cuya existencia tiene su *ratio essendi* en la dedicación recíproca de sus componentes, una dedicación fundada en un vínculo que trasciende la singularidad de las personas y la particularidad de sus intereses o derechos. Se trata de una relación que caracteriza aún más a la familia en cuanto ésta se emancipa de su antigua posición de núcleo social primario en la producción económica para proyectarse por completo, como sucedió en la penetrante visión del constituyente, al interior de las relaciones ético-sociales, como forma originaria o "categoría *a priori*" de la *Sittlichkeit*, de la ética devenida existencia, es decir formación social.

En razón de esta connotación, los derechos de las personas, incluso aquellos de carácter fundamental e inviolable, sufren, al igual que los principios constitucionales fundamentales, una relativización al interior de la institución familia. Ello significa que, una vez incluidos dentro de esta formación social, aquellos principios y aquellos derechos deben ser equilibrados y "proporcionados" respecto de los fines propios de la institución familia, con el fin de asegurar la unidad de la misma y de permitir que la función primaria de esta institución se pueda realizar plenamente. En este sentido se ha pronunciado también la Corte Constitucional, tanto por lo que hace al derecho de domicilio (sent. 171/1976) y de otros derechos del menor (sent. 109/1981 y ord. 14/1989) como por lo que se refiere al principio de igualdad[154].

a. Derechos de la familia (art. 29)

La Constitución italiana no contiene una enumeración específica de los derechos que pertenecen a los miembros de la familia, como tales, con la excepción de los derechos de los hijos, que, si bien pertenecen idealmente a los "derechos de la familia", por su importancia se reconocen y garantizan de manera independiente (art. 30 const.). Sin embargo, a diferencia de otras cartas constitucionales (como la española de 1978), que remiten a la ley ordinaria para la garantía de tales derechos, la Constitución italiana

---

[154] Sobre la necesidad de un equilibrio de este derecho con el bien de la unidad de la familia se tienen numerosas providencias: por ej., 46/1966, 102/1967, 126/1968, 133/1970 y 87/1975.

ha querido dar a los "derechos de la familia", si bien sin enumerarlos, un reconocimiento y una garantía fundados inmediatamente en la Constitución misma. Por lo demás, la formulación del artículo 29 superior ("La República reconoce los derechos de la familia como sociedad natural fundada en el matrimonio") es tal que, si se excluyen los derechos que gozan de un reconocimiento específico en el artículo sucesivo, no es difícil, para el intérprete, hacer explícito lo que pretendía decir el constituyente al utilizar la denominación sintética de "derechos de la familia".

Con este fin es preciso aclarar ante todo que, como ha reconocido la Corte misma (sents. 41/1966, 181/1976, 2/1980), el concepto de familia se asume en la Constitución en su significado ético-social, no ya económico: éste denota, en efecto, una comunidad o una "comunión" espiritual-material, en la que las actividades materiales (sostenimiento, asistencia, etc.) tienen la finalidad de realizar un orden moral, que consiste, precisamente, en los valores éticos de los que la familia misma es la existencia concreta, es su "estar allí". En segundo lugar, como siempre lo ha reconocido la Corte (véanse, las sentencias 30/1983, 209/1984, 237/1986, 625/1987), el artículo 29 constitucional hace claramente referencia sólo a la familia legítima, es decir a la familia fundada en el matrimonio, de manera que, mientras limita la garantía de los "derechos de la familia" sólo a la forma legítima de esta comunidad de afectos, al mismo tiempo extiende la tutela privilegiada prevista en el artículo 29 también al matrimonio, en cuanto acto necesariamente constitutivo de la institución (familia) que se pretende tutelar principalmente.

Sobre la base de estas premisas definitorias es posible hacer explícita la locución "derechos de familia" y descifrarla como fórmula que, en el ámbito de los límites apenas indicados, pretende denotar derechos que históricamente representan los elementos constitutivos de la familia, en el sentido que se refiere a aquellos derechos (y deberes respectivos) que en un determinado momento histórico forman la estructura portante de la institución familia (con excepción de los "derechos de los hijos" que, si bien teóricamente pertenecientes a aquella, se reconocen en un artículo separado y gozan, por tanto, de una garantía independiente y específica). En el momento tales son los derechos, a los que se refieren en buena parte los artículos 143 y 160 del Código Civil (modificados por la Ley 151 de mayo 19 de 1975), relativos a la libertad de contraer matrimonio, a la procreación de los hijos, a la fidelidad, a la asistencia moral y material recíproca, a la cohabitación.

La *libertad de contraer matrimonio*, que en algunas constituciones goza de una garantía autónoma (véase por ejemplo el artículo 6° del *Grundgesetz*), hace parte de los "derechos de la familia", en razón de la definición específica del artículo 29 superior, según el cual la familia es "la sociedad natural fundada en el matrimonio". Esta tiene un doble contenido, puesto que se refiere tanto a la libertad (positiva o negativa) de estipular un contrato matrimonial, como a la elección del compañero con quien contraer el matrimonio. Si bien la jurisprudencia constitucional ha tocado este tema pocas veces (sent. 3/1975, en la que se hace referencia a la libertad de contraer matrimonio en relación con el artículo 29), se debe considerar que las garantías civilistas dirigidas a asegurar la libre voluntad de las partes en el matrimonio, aunque por supuesto no se pueden considerar constitucionalizadas, representan otros tantos elementos de la "garantía de la figura" constitucionalmente debida a los "derechos de la familia" desde el punto de vista aquí considerado.

El *derecho de procreación* goza de una tutela jurídica también por fuera de la familia, como consecuencia de otros derechos del hombre de los que se puede deducir la libertad de disponer del propio cuerpo también con el fin de procrear (arts. 2° y 13 const.). Una confirmación de esta interpretación se puede obtener del artículo 31 superior *in fine*, que, al prever la tutela de la maternidad en un artículo que tiene por objeto las relaciones entre padres e hijos tanto internos como externos a la familia legítima, considera el problema de la procreación de los hijos como fenómeno no necesariamente ligado a la familia contemplada en el artículo 29 constitucional. Sin embargo, esto no excluye que el derecho de procreación sea uno de los derechos que caracterizan la institución familia (si bien no exclusivo de ella), que, cuando se encuentra en el ámbito de esta institución adquiere una connotación y unos efectos especiales. Este derecho, además, precisamente como consecuencia de esta inserción, puede ser morigerado para la salvaguarda de la unidad familiar, que comporta un delicado equilibrio entre un derecho atribuido a la persona como individuo (es decir atribuido a la mujer) y las necesidades fundamentales ligadas a la institución familiar. Este equilibrio se deja en gran parte a la apreciación del legislador, puesto que la Constitución no establece otra cosa que la exigencia de una atenuación, pero no los términos y los principios de la misma (véase a este propósito Corte Const., sent. 398/1988). Desde luego, permanece íntegro el poder de la Corte Constitucional de juzgar la no arbitrariedad de las elecciones eventualmente realizadas por el legislador.

El *derecho a la cohabitación* designa la pretensión jurídicamente tutelada de ambos cónyuges y de los hijos de disfrutar de la habitación común. Ciertamente este derecho tampoco es propio y exclusivo de la familia, en la acepción hecha propia por el artículo 29 superior (Corte Const., sent. 404/1988), pero de su inclusión en el ámbito de esta institución, como elemento típico y característico de ella derivan una connotación especial y efectos jurídicos igualmente peculiares, que conducen a clasificarlo, con pleno derecho, entre los "derechos de la familia" a que se refiere precisamente el artículo 29 superior.

El *derecho a la asistencia moral y material* (y el deber recíproco correlativo) constituye uno de los raros casos sobre los que se ha pronunciado la Corte Constitucional, si bien desde el punto de vista específico del derecho a los alimentos (sent. 209/1984 y, en relación con los hijos naturales, véase también sent. 83/1974), asociándolos, precisamente, a los "derechos de familia" a que se refiere el artículo 29 superior. Se trata, por lo demás, de un derecho sin duda implícito en la vida de una "comunidad de afectos", como es precisamente la familia, la cual supone, en razón de su estructura ético-social, una dedicación total de cada miembro para con el otro. Traducido en formas jurídicas, este perfil moral significa el derecho, además del deber, de cada miembro de la familia a procurar el sustento y el cuidado afectivo de los otros miembros, derecho que se debe graduar y distribuir entre los diferentes miembros, de acuerdo con la naturaleza de la posición de cada uno de ellos.

Por último, entre los "derechos de la familia" es preciso incluir, por lo menos, el *derecho a la fidelidad conyugal*. También en este caso se tiene que ver con un derecho típico de la comunidad y, en especial, de la familia[155].

En su núcleo esencial los "derechos de la familia" se deben asociar a los artículos 2° y 3° superiores, en el sentido que, mientras, por un lado, representan la estructura de valor de una institución, en la que se realiza una experiencia comunitaria de participación en el desarrollo social de la colectividad general de manera paritaria e

---

[155] Véase P. Rescigno. *Persona, cit.*, pp. 73 s., para el cual la "fidelidad" se distingue de la "lealtad", por lo menos en términos generales, precisamente por ser inherente a formaciones sociales ordenadas bajo forma de comunidades.

integrada, por otra parte incorporan valores que la Constitución considera "inviolables" (Corte Const., sent. 181/1976; así mismo 158 y 414/1991), además de "originarios".

b. Derechos a la educación (familiar) (art. 30)

Como sucede con el *Recht auf Bildung* garantizado por la Ley Fundamental de Alemania, en el "derecho a la educación familiar" se deben comprender varias pretensiones atribuibles a sujetos diferentes[156].

Sin embargo, a diferencia de la interpretación comúnmente difundida en ese país (también sobre la base del significado más amplio de la palabra *Bildung*, que incluye no sólo la educación, sino también la "civilización"), en la Constitución italiana el "derecho a la educación familiar" se distingue claramente del "derecho a la instrucción", garantizado por los artículos 33 y 34 consts.: en efecto, mientras el primero se refiere a los comportamientos de los padres relativos a la formación del niño y del joven como hombre en relación con la totalidad de las facultades humanas y de los valores (espirituales, morales, religiosos, políticos, etc.) que pueden orientar su vida, la instrucción, por el contrario, se refiere a la transmisión y al aprendizaje de los saberes y

---

[156] Por ej., M. Abelein. "Das Recht auf Bildung", en *DöV*, 1967, p. 375; P. Badura. *Das Prinzip, cit.*, p. 23.

de las técnicas culturales, es decir de los comportamientos, de los usos y de los conocimientos a través de los cuales una sociedad conserva y desarrolla las capacidades individuales con el fin de sobrevivir y de evolucionar en su propia forma de vida.

El derecho a la educación denota, ante todo, el *derecho* (además del deber) *de los padres de formar a los propios hijos*, aunque sean nacidos por fuera del matrimonio. Se trata de un derecho "inviolable" e inalienable (el artículo 6° del *Grundgesetz* lo define como "natural"), que goza, por tanto, de la respectiva garantía constitucional (para el reconocimiento del derecho del menor a un pleno desarrollo de la personalidad y el vínculo funcional con este interés de los deberes inherentes al ejercicio de la potestad de los padres, sents. 957/1988 y 132/1992)[157].

La educación, como ya se indicó, tiene un contenido más amplio que la instrucción y la comprende, puesto que se refiere a la totalidad de los comportamientos y de los aspectos de la persona objeto de la actividad formativa. Precisamente por esta potencialidad ilimitada, si no se puede dudar que los padres tienen el derecho a escoger los contenidos y las modalidades de la educación, es indudable, así mismo, que su libertad tiene un doble límite constitucional: por una parte, en efecto, no se puede

---

[157] Cfr. Corte Constitucional, sent. 28/1995, en donde de manera expresa se califica el derecho en cuestión como "inviolable" de acuerdo con el artículo 2° constitucional. Sobre el mismo derecho véase también la sentencia 215/1990.

desplegar de manera que ofenda los derechos inviolables que el menor posee como persona (art. 2°), derechos que deben ser salvaguardados en su contenido esencial, si bien atenuados por el necesario equilibrio con las exigencias de la educación familiar como derecho inalienable de los padres; por otra parte, la actividad formativa no puede tener contenidos en contraste con la *ratio* que justifica la familia misma –la de representar ante todo un orden moral– y por tanto no puede consistir en comportamientos y enseñanzas contarias a los valores morales supremos, es decir contrarios, en breve, al respeto de los valores de la dignidad humana.

Un perfil más del "derecho a la educación" está dado por el *derecho de los hijos a una educación*. Este derecho, que es correlativo del deber (-derecho) de los padres antes citado (Corte Const., sents. 957/1988 y 132/1992), tiene un contenido y un significado jurídico definible *per relationem* respecto del antes descrito y, al igual que éste, se debe considerar inviolable e inalienable. Este, por otra parte, corresponde a los hijos, ya sean legítimos o naturales (siempre que no sean reconocibles: Corte Const., sents. 205/1970, 121/1974, 99/1977). Pero mientras se da una equivalencia perfecta entre los hijos legítimos y los naturales en el goce de este derecho sólo cuando los padres no han formado una familia (Corte Const., sent. 83/1974), por el contrario, cuando existe ésta la ley está obligada a moderar y equilibrar el derecho del hijo natural de tal manera que sea compatible con los derechos de los miembros de la familia legítima. Esto vale, por supuesto, también para el goce, por parte de los hijos nacidos por fuera del matrimonio, de los otros "derechos de la familia", como el derecho a la asistencia moral y material y el derecho a la cohabitación.

## 3. *La escuela*

Si la familia es el lugar social primario por lo que se refiere a la formación total (educación) de los menores y de los jóvenes, la escuela lo es, en cambio, por lo que hace a la instrucción, es decir, como ya hemos precisado, por lo que concierne la enseñanza y el aprendizaje de la cultura o, en otras palabras, de los conocimientos y de las técnicas dirigidas a desarrollar las capacidades intelectivas, artísticas y prácticas de los individuos, necesarias para la vida de relación.

Esta simple definición del papel constitucional de la escuela lleva a una determinación de los límites de este ámbito especial de la vida social en una doble dirección.

Ante todo, puesto que la instrucción, como hemos dicho, es una parte del proceso global de educación –una parte "pública" respecto de la parte "privada" desarrollada al interior de la familia–, ella debe organizarse y desarrollarse en el respeto de los "derechos de la familia". Más precisamente, como exige de manera expresa la Constitución misma, se debe garantizar a los infantes y a los menores –y, para ellos, a las familias– la elección de la institución de instrucción que se considere más apta o más acorde con el tipo de educación que se desarrolla en la familia. Por otra parte, el proceso formativo escolar no puede desarrollarse en contraste con el proceso más general en el ámbito familiar, en el sentido que debe orientarse a desarrollar las capacidades intelectuales, artísticas y prácticas del menor en el respeto de los valores y de las creencias fundamentales emergidas o emergentes en el proceso de interacción del menor con su propia familia. Es más, para este fin se requiere del Estado que proporcione las formas de coordinación más aptas para que la escuela y la familia cooperen, en el respeto recíproco de sus respectivas esferas, en la realización de la finalidad común de formar al infante y al joven (un desarrollo de esta tarea lo constituyen la Ley 447 de julio 30 de 1973 y los sucesivos decretos delegados, que instituyen una serie de órganos representativos destinados a favorecer la interacción de la escuela tanto con la familia como con la colectividad en general).

En segundo lugar, hace parte del concepto mismo de instrucción y del concepto de cultura, en relación con el cual la instrucción misma debe definirse, la función de poner a la persona en condiciones de desarrollar y de utilizar de la mejor manera posible las propias aptitudes, con el fin de producir en ella, como dice Kant, "la capacidad de escoger los propios fines en general y, por tanto, de ser libre". Por esta conexión especial con la libertad, la instrucción encuentra límites, tanto inmanentes en el propio concepto como externos. En efecto, desde este punto de vista la instrucción no puede desarrollarse en contraste con los derechos de la persona y con el principio supremo del respeto de la dignidad humana, de acuerdo con el artículo 2° superior. Desde otro ángulo, la instrucción, considerada en su lado activo como libertad de enseñanza, se cualifica como derecho fundamental, en el sentido que exige que la libertad de elección de los contenidos y de las metodologías didácticas no sea absoluta, sino que se conforme y armonice con la finalidad intrínseca de la instrucción misma en una sociedad democrática y pluralista, es decir que contribuya a la formación de los infantes y de los jóvenes en la libertad y el respeto del valor moral supremo de la dignidad humana (véase, sobre estos conceptos, la importante sentencia de la Corte Constitucional 13/1991).

También el "derecho a la instrucción" es un derecho social bajo cuya etiqueta se recogen por lo general una serie de derechos diferentes, todos igualmente coadyuvantes, de manera esencial, a la vida de la institución escuela. Estos derechos se deben clasificar según un doble orden, que se refiere, por una parte, al "derecho de instrucción" (art. 33 const.), y por otra al "derecho a recibir una instrucción" (art. 34 const.), o "derecho a la instrucción" propiamente dicho. A su vez, en el "derecho a la instrucción" se diferencia la libertad de enseñanza y la libertad de instituir y administrar escuelas, mientras que el "derecho a la instrucción" en sentido propio se divide en la libertad de elección de la escuela y en el derecho a recibir una enseñanza.

a. Libertad de enseñanza (art. 33.1)

Como lo ha reconocido también la Corte Constitucional (sent. 59/1960), la libertad de enseñanza es una forma particular de la libertad de expresión del propio pensamiento, reconocida y garantizada por el artículo 21 superior. Por lo tanto, posee las características generales de esta última, empezando por la "inviolabilidad" y las limitaciones que la conciernen (buenas costumbres, honor, etc.). Sin embargo, puesto que es inherente a la institución escuela y está en función de sus fines constitucionales, la libertad de enseñanza adquiere características peculiares como derecho funcional, cuyo desarrollo debe estar dirigido al interés social de la instrucción, concebida sobre la base de los principios propios de un ordenamiento pluralista y democrático. La enseñanza, en efecto, aun si se presta en instituciones privadas, es un servicio público erogado en el interés general de la sociedad, que la Constitución, para orientarlo hacia los valores supremos del pluralismo, conjuga con la libertad de enseñanza.

Esta característica peculiar de la libertad de enseñanza ha sido acogida de manera precisa por la jurisprudencia constitucional. En efecto, ésta, por una parte, ha asociado la libertad de enseñanza a la garantía general de la libertad de expresión del propio pensamiento establecida por el artículo 21 superior y al peculiar "estatuto" de los derechos fundamentales, recordando en especial que ésta puede limitarse sólo con el fin de tutelar otros intereses constitucionalmente garantizados[158]; pero, por otra parte, al mismo tiempo ha admitido la posibilidad de controles públicos (por supuesto determinados por la ley) tanto con el fin de establecer la idoneidad de quien enseña o aspira a enseñar (sents. 77/1964, 43/1972, 83/1974, 174 y 175/1980), como de asegurar que la instrucción responda a sus estándares típicos (tenga contenidos educativos, se imparta de acuerdo con determinados programas, etc.) y a los valores constitucionales del pluralismo religioso, cultural, artístico y científico (sents. 195/1972, 240/1974). La "funcionalización" de la libertad de enseñanza respecto de la institución escuela, por lo demás, está claramente demostrada por la diferente amplitud que se acuerda a la libertad mencionada en función de su inserción en un tipo de escuela o en otro. En efecto, así se explican las diferencias entre la libertad de enseñanza del docente universitario y la del docente de escuelas de grado inferior; así como las diferencias entre la libertad de quien enseña en instituciones públicas y la de quien lo hace en instituciones privadas, si bien del mismo nivel[159].

---

[158] Véanse respectivamente las sentencias 59/1960 y 57/1976: ésta "corrige" una sentencia anterior, la 36/1958, que había afirmado, por el contrario, un poder general del legislador ordinario de limitar la libertad de acuerdo con el artículo 33 en nombre de no precisados intereses generales.
[159] Cfr. Corte Constitucional, sent. 195/1972, con la cual, a partir del presupuesto

## b. Libertad de instituir y administrar escuelas (art. 33.3)

En el sistema previsto en el artículo 33 superior, al principio del pluralismo de las enseñanzas, implícito en la garantía de la libertad del arte o de la ciencia y de su enseñanza (inc. 1°), corresponde el principio del pluralismo escolar, que comporta la libertad, para entidades y particulares, de instituir y administrar escuelas[160]. Este paralelismo, subrayado también por la Corte Constitucional desde la lejana sentencia 36/1958, revela el doble aspecto de la "libertad de instrucción" (como la define la sentencia apenas citada), en la que consiste el contenido del "derecho a la instrucción" considerado en su aspecto activo, es decir considerado desde el punto de vista de los sujetos que erogan el servicio público de la enseñanza.

Pese a que la libertad en examen se conecta, hablando en general, a la libertad de iniciativa económica garantizada en el artículo 41 superior, está regulada aparte, no sólo por razones de topografía constitucional, sino sobre todo porque está sujeta a un régimen particular, mucho más incisiva que la que se reserva por lo general a las empresas privadas, en cuanto se trata de instituciones

---

que las universidades privadas pueden ser "instituciones de tendencia" y estar por ello caracterizadas ideológicamente, les reconoce el poder de escoger y despedir a sus profesores sobre la base de la posición de éstos frente a sus orientaciones ideológicas o religiosas.

[160] En la dirección de un cada vez mayor pluralismo escolar se mueve la sentencia 454/1994.

dirigidas a erogar un servicio social al que la Constitución reconoce el más alto valor constitucional en razón de la importancia que éste posee tanto para la formación del hombre como para el progreso de la sociedad en su conjunto. Sobre esta base, la Corte Constitucional ha admitido que la libertad de instituir escuelas puede subordinarse a autorizaciones de la administración pública, tendientes a verificar la seriedad de la iniciativa tanto desde el punto de vista económico como moral, y requiere tan sólo que el poder de autorización previsto esté debidamente limitado en su discrecionalidad, para no anular en su núcleo esencial la libertad de establecer y administrar escuelas (sents. 36/1958 y 24/1965).

En este régimen especial se refleja el caso típico de una libertad que constituye, por una parte, el contenido de un derecho social independiente (libertad de erogación de un servicio social como garantía de que determinado sector se organice de acuerdo con el principio del pluralismo), y, por otro lado, representa la prestación destinada a permitir y satisfacer el goce de un "derecho social" diferente, el de recibir una instrucción, también él inspirado en el principio del pluralismo de los saberes y de los puntos de vista objeto de aprendizaje. Respecto de este conjunto de intereses constitucionalmente protegidos los controles públicos previstos (autorizaciones para la apertura y el ejercicio, medidas de coordinación, facultades de vigilancia) deben estar dirigidos, simplemente, a poner el sistema en su conjunto en función del fin último del mismo, que consiste en garantizar de la manera más plena el derecho a la instrucción en armonía con los principios constitucionales que cualifican este derecho, es decir el pluralismo y la dignidad humana.

c. Libertad de elección de la escuela (art. 34.1)

Al declarar que "la escuela está abierta a todos", el artículo 34.1 garantiza a los ciudadanos un doble derecho: el de recibir una instrucción y el de gozar de las prestaciones respectivas en el tipo de escuela o de institución preferido. A este propósito, el derecho en cuestión se cualifica como pretensión de acceder a una escuela de la propia elección y, por tanto, supone la garantía previa de la libertad de elección de la escuela[161].

Con este derecho se entra en el aspecto pasivo del "derecho a la instrucción", en el sentido que se empieza a considerar los derechos constitucionales que los ciudadanos poseen respecto de las instituciones escolares con el fin de recibir instrucción. Pero con él se completa así mismo el cuadro del pluralismo escolar, puesto que la libertad de enseñanza y la de instituir escuelas no tendrían sentido si no se acompañaran de la libertad de los

---

[161] Esta libertad se reconoce por la Corte Constitucional como derecho constitucional en la sentencia 36/1982; un derecho análogo está previsto de manera expresa en el artículo 12, num. 1 del *Grundgesetz* y se reconoce como "derecho social fundamental" a partir de *BVerGE*, 33, pp. 303 ss., es decir a partir del conocido caso sobre el "cupo limitado" en las universidades de 1972.

ciudadanos de escoger los "lugares de enseñanza", es decir el tipo de escuela que se prefiere frecuentar. Por tanto, es sobre la garantía simultánea de estas tres libertades que se basa el sistema pluralista de la instrucción trazado por la Constitución.

En su estructura formal el derecho de elección de la escuela aparece como un clásico derecho de libertad. Sin embargo, visto como *derecho de acceso a una escuela* de la propia elección, éste no se puede disfrutar a través de la utilización de recursos libremente disponibles, sino que puede satisfacerse de manera efectiva sólo como consecuencia de una acción positiva del Estado y de los particulares dirigida a establecer un número suficiente de instituciones de instrucción. Este es, en otros términos, un derecho social condicionado, para su efectiva realización, por la existencia de un número adecuado de instituciones de instrucción. De aquí deriva la naturaleza compleja de este derecho –como, por lo demás, del derecho relativo a la libertad de elección del "lugar de trabajo" garantizada por el artículo 4° superior– a causa de la conexión sustancial, en su configuración jurídica, de la forma de derecho de libertad con aquella como derecho cuyo goce deriva de una acción positiva de otros sujetos, o, en otras palabras, a causa de su definición simultánea como "libertad respecto de" y como "derecho que presupone una prestación positiva por parte del Estado (o de otros organismos)". Y si, desde el primer punto de vista, éste aparece como derecho fundado en una norma preceptiva y, por tanto, inmediatamente disfrutable, desde otro ángulo esta inmediatez sufre una relativización y un "condicionamiento" en relación con la satifacción concreta y con las posibilidades objetivas de realización (ligadas a la acción legislativa, a la disponibilidad presupuestal, etc.) del vínculo constitucional que obliga al legislador a proporcionar los presupuestos de hecho necesarios para el goce del derecho en cuestión. Pero, desde el momento que este carácter complejo remite a un problema ligado a un rasgo propio de toda una categoría de derechos sociales, por esta generalidad será analizado más de cerca en el parágrafo siguiente.

d. Derecho a recibir una instrucción (art. 34)

Este derecho, al que a menudo se reserva el nombre específico de "derecho a la instrucción", se deduce directamente del artículo 34.1 ("la escuela está abierta a todos") y de los desarrollos en los incisos siguientes, de los que se deduce un contenido formado por dos diferentes derechos: el derecho a la instrucción obligatoria (inc. 2°) y el derecho a alcanzar los grados más altos en los estudios (incs. 3° y 4°). Se trata de una bipartición que no es casual, ni fruto de una escogencia ligada sólo a una elección del constituyente italiano, sino que se basa en la tradición de los derechos sociales, en la que ya se había delineado una diferenciación entre el derecho a la instrucción obligatoria y el derecho a la instrucción superior y a los estudios especializados[162].

El *derecho a la instrucción obligatoria* es un derecho social del hombre y como tal debe asegurarse a todos los ciudadanos. Si bien su goce está condicionado por el presupuesto de hecho de la existencia de suficientes instituciones escolares, o en otras palabras, por la satisfacción de una obligación primaria e inderogable del Estado dirigida a hacerlo efectivo y concreto, su definición jurídica *hic et nunc* no puede prescindir del dato histórico de la existencia sustancial y empírica, en nuestro ordenamiento, de las condiciones objetivas necesarias para hacerlo efectivo. El derecho a la instrucción obligatoria es, por tanto, un derecho (-deber) primario, que, como el de la retribución suficiente (art. 36 const.) o el de la educación (art. 30), integra el valor más general ligado al "derecho" de vivir una vida digna del hombre. Al igual que los derechos apenas recordados, éste es, entonces, inmediatamente disfrutable y defensable judicialmente, en el sentido que, ante un rechazo arbitrario de inscripción o de la posibilidad de asistencia a los cursos de la escuela obligatoria, el ciudadano puede hacer valer directamente su pretensión ante el juez[163].

---

[162] Véase por ejemplo G. Gurtvitch. *La dichiarazione, cit.*, p. 130.
[163] Véase Corte Constitucional, sent. 7/1967, para la cual el "derecho a la instrucción" tiene, en el artículo 34 constitucional, el mismo significado que le atribuye el Protocolo aditivo de la Convención Europea de los Derechos del Hombre, ratificado por la ley

Desde el punto de vista del contenido, el "derecho a la instrucción" obligatoria consiste en la facultad de obtener gratuitamente las prestaciones de enseñanza impartidas en el respeto de los principios constitucionales y de los derechos de los alumnos, además de todo aquello que es inherente directamente a la organización de las mismas (ambientes escolares, docentes, libros de texto fundamentales, etc.), pero no consiste en el derecho de disponer de formas de asistencia que faciliten el goce del derecho a la instrucción sin constituir, sin embargo, parte integrante de ella (como, por ejemplo, disponer de libros y materiales especiales, medios de transporte, etc.)[164].

El derecho a la instrucción superior o, en los términos de la Constitución, el "derecho a alcanzar los grados más elevados en los estudios", es, por el contrario, un derecho a prestaciones estatales o públicas que garanticen de la manera más amplia posible el derecho de los capaces y de los merecedores a acceder y frecuentar las instituciones de instrucción superior y de especialización (véase la definición explícita contenida en los incisos 3° y 4° del

---

848/1955, según el cual la instrucción no le puede ser negada a nadie; véase también la sentencia 16/1980; y también la 290/1992, que aclara que del derecho a la instrucción obligatoria y gratuita no se puede deducir la figura recíproca del derecho subjetivo a la prestación de un cierto número de horas de ciertas materias.

[164] Véase en este sentido Corte Constitucional, sentencias 7/1967, 106/1968, 125/1975, 36/1982 y 454/1994, que declara la inconstitucionalidad, por contraste con el artículo 3° de la Constitución, del artículo 1.1 de la Ley 719 de agosto 10 de 1964, en la parte que excluye del acceso a libros de texto gratuitos a los alumnos de las escuelas elementales no estatales.

artículo 34). Por tanto, éste, al contrario del derecho antes analizado, no está garantizado a todos de manera indiscriminada, ni es disfrutable inmediatamente, sino que asegura a los capaces y a los merecedores el derecho de gozar de los medios que la República pone a disposición de ellos con el fin de asegurar que se puedan alcanzar los grados más elevados de los estudios mediante programas legislativos y partidas presupuestales especiales (Corte Const., sent. 125/1975, así como 151/1969 y 215/1987). Ello significa que el derecho a la instrucción superior se configura como una pretensión, constitucionalmente garantizada, de una prestación erogada o garantizada por los poderes públicos. Se trata, entonces, de un derecho cuyo goce está condicionado por la predisposición legislativa de un conjunto de servicios públicos de diferente naturaleza y por la consideración global de los recursos financieros de que el Estado puede disponer en su política presupuestal (de nuevo, sent. 125/1975). Un derecho que, sin embargo, no se deja, por lo que se refiere a su garantía, a la mera discrecionalidad del legislador, estando éste vinculado por el artículo 34 *in fine*, no simplemente a promover o a facilitar su goce, sino a "hacerlo efectivo". Por estas razones no se puede pensar que el individuo carezca de defensa, puesto que en ese caso, si bien como consecuencia de un juicio, la Corte Constitucional podría verse llamada a conceptuar sobre el ejercicio eventual del poder legislativo con el fin de verificar la idoneidad de las medidas adoptadas en función de las finalidades establecidas por el artículo 34 *in fine*[165].

## 4. *Ambiente de vida personal y colectiva*

Hasta aquí hemos analizado aquellos que en sociología se denominan "lugares de socialización primaria y secundaria" o, más exactamente, ámbitos de vida tipificados (según los estándares de nuestra civilización) en los que se realizan las formas principales y esenciales de la socialización de la persona (familia, escuela, lugar de trabajo). Estos ámbitos están precisamente descritos por la Constitución como los lugares sociales necesarios para la formación de la personalidad y para el desarrollo de la misma y, precisamente por esta finalidad institucional, están definidos esencialmente en su estructura de valor, es decir como lugares en los que los roles de los diferentes individuos se moldean y organizan en relación con ciertos valores, roles que se codifican, precisamente, bajo la forma de "derechos sociales". Sin embargo, en la Constitución italiana se contemplan, así mismo, ámbitos de vida que, sin tener una forma típica, y al poseer, es más, una estructura históricamente cambiante

---

[165] Como ya hemos recordado, así ha actuado la Corte Constitucional con la sentencia 215/1987, con la cual declara la incostitucionalidad de una ley que, en lugar de garantizar en concreto ese derecho, se limitaba a facilitar su goce; véase también la sentencia 281/1992.

y, por ello, no predeterminada, tienen no obstante una importancia específica como ambientes en los que se desarrollan formas de existencia individual o colectiva y respecto de los cuales se definen y reconocen determinados derechos sociales atribuidos al hombre como tal (ya no al trabajor, al niño, etc.).

Más precisamente, la Constitución, además de garantizar ciertos derechos a los ciudadanos en razón de su especial estatus social y, por tanto, como consecuencia de su inserción en determinadas formaciones sociales tipificadas, reconoce también algunos derechos al hombre como tal y, pese a esta imputación universal, los cualifica como "derechos sociales", por cuanto su contenido está determinado por la *especial conformación del ambiente de vida*, es decir por la existencia de algunas características o de algunos elementos del espacio vital o de las relaciones circunstantes que condicionan o influyen en el goce de determinados bienes personales.

Sin querer en lo absoluto agregar una nueva noción a las no pocas ya existentes en nuestro ordenamiento[166], el concepto de "ambiente de vida" se asume aquí en su acepción más general, es decir como un conjunto de relaciones, jurídicamente significativo, entre una persona (o una colectividad) y un espacio de vida en el que esta persona (o colectividad) puede verse condicionada o

---

[166] Sobre las cuales véase M. S. Giannini. "Ambiente: Saggio sui diversi suoi aspetti giuridici", en *Rivista Trimestrale di Diritto Pubblico*, 1973, pp. 23 ss.

influida. Sin embargo, este concepto no se considera, respecto de los "derechos sociales" garantizados por la Constitución, en esta noción simple, sino que está cualificado desde otros dos puntos de vista. Ante todo, se debe tratar de ambientes de vida que, por sus propias características, pueden condicionar o influir directamente en la existencia de las personas o, más exactamente, en los elementos primarios y fundamentales necesarios para una existencia digna (es decir, deben tener las características fundamentales que se requieren también a las formaciones sociales según el artículo 2° superior). En segundo lugar, puesto que el concepto de ambiente se define en cada caso de acuerdo con una selección de los rasgos situacionales que se revelan pertinentes respecto de ciertos intereses de los sujetos considerados[167], éste adquiere importancia constitucional sólo en relación con los intereses que la propia Constitución define como "derechos (sociales) del hombre" respecto de (y a veces en oposición con) el ambiente mismo.

Los intereses o, más exactamente, los núcleos de interés que presuponen, en la Constitución, una importancia de la dimensión espacial denominada ambiente (en el sentido apenas establecido) son dos: a. La salud; b. Las condiciones materiales de subsistencia (diferentes de la retribución) necesarias para que se pueda vivir una vida digna del hombre[168].

---

[167] Véase G. M. Mead. *The Philosophy of the Act*, Chicago, 1938, p. 164.

Respecto del "bien" de la *salud*, la noción de ambiente se define en sentido "garantista"[169], es decir como una cierta dimensión espacial de vida asociada (ámbito de habitación o producción, eco-sistema territorial, etc.) en condiciones de influenciar con sus características funcionales la integridad física o síquica del hombre. Por el contrario, respecto de las *condiciones de vida materiales* de importancia primaria para vivir una existencia digna, el ambiente se desvanece como totalidad, o conjunto sistémico, para adquirir importancia a través de sus momentos o elementos especiales, a los cuales los ciudadanos tienen "derecho" de "acceso" o de "participación"[170] con el fin de hacer su vida "digna del hombre" o, más simplemente, como se expresan algunas constituciones de los Estados americanos, para hacerla segura y feliz[171].

---

[168] En la doctrina alemana P. Badura (*Das Prinzip, cit.*, p. 23) habla de un Recht auf befriedigende Lebensbedingungen, que comprendería tanto *das Recht auf angemessene Wohnung* como *das Recht auf gesunde oder menschenwürde Umwelt*; si bien no reunidos en un único derecho general, también H. H. Rupp (*Vom Wandel, cit.*, p. 176) y W. Schmidt (*I diritti fondamentali sociali, cit.*, p. 789) colocan en una misma categoría tanto el "derecho a la habitación" como el derecho a un "ambiente sano o digno del hombre".

[169] Según la precisa notación de A. Corasaniti. "Intereses difusos", en *Dizionari del diritto privato*, N. Irti (ed.), "Diritto civile", Milano, 1980, pp. 440 ss.

[170] Es significativo que en la doctrina alemana estos derechos, al igual que otros que implican el acceso a determinados bienes colectivos, se definan por lo general como los típicos *Teilhaberechte*, es decir "derechos de participación". Véase por ej. W. Martens. "Grundrechte im Leistungsstaat", en *VVDStRL*, 1972, pp. 21 ss.; P. Häberle. "Das BVerfGE im Leitungsstaat", en *DöV*, 1972, p. 731; A. Mutius. *Grundrechte, cit.*, pp. 183 ss.; en la doctrina italiana entiende con mucha mayor precisión este aspecto, en relación con el "garantista", A. Corasaniti. "Interessi diffusi", *cit.*, pp. 436 ss.

[171] Véase por ej. la Declaración de los Derechos de Virginia, de junio 12 de 1776, o las

## a. Derecho a la salud (art. 32)

En el ámbito de la categoría considerada, el derecho a la salud constituye el eje alrededor del cual giran, a distancia mayor o menor, todos los otros. Este goza, de acuerdo con el artículo 32 superior, de la tutela más completa tanto desde el punto de vista del valor como de la eficacia. Desde el primer ángulo, el derecho a la salud está definido en el artículo 32 como "derecho fundamental del individuo", y por lo tanto se concibe, según la jurisprudencia reiterada de la Corte Constitucional (sents. 88/1979, 184/1986, 479 y 559/1987, 127 y 307/1990, 49, 51, 167, 356 y 414/1991, 184/1993), como "derecho primario y absoluto", que se remite, como tal, a la categoría de los derechos inviolables (art. 2° const.)[172].

---

constituciones de Pennsylvania o de Massachussets, en donde se habla de un "derecho natural a la felicidad y la seguridad" al lado de los derechos clásicos a la vida, a la libertad y a la propiedad; de manera análoga, en las discusiones sucesivas sobre los "derechos sociales" se habla, además de "derecho a la alimentación, al vestido, a la habitación y a los cuidados médicos", de "derecho al entretenimiento", de "derecho a disfrutar de la vida y a participar del progreso de la civilización", como en el Proyecto de Carta de los derechos sociales redactado en 1943 por el U. S. National Resources Planning Board o en el conocido discurso del presidente norteamericano F. D. Roosevelt de enero 12 de 1944; o también de "derecho a la satisfacción de las necesidades primarias" o del "derecho de acceso a todos los productos indispensables y al alojamiento", como en G. Gurtvitch, La di*chiarazione*, *cit.*, pp. 108 y 120.

[172] Véase de manera análoda, en doctrina, P. F. Grossi. *Introduzione*, *cit.*, p. 176; A. Barbera. "Commento", *cit.*, en *Commento Costituzionale Branca*, p. 66; A. M. Sandulli. "La sperimentazione clinica sull'uomo", en *Dir. soc.*, 1978, p. 508; M. Luciani. *Il diritto costituzionale*, *cit.*, p. 774.

Desde el otro punto de vista, éste se considera derecho subjetivo perfecto y, por tanto, directamente tutelable ante el juez, sin necesidad de interposición por parte del legislador (esta concepción, inicialmente elaborada por la doctrina y hecha propia por los jueces de instancia y de la Corte de Casación, en especial con las sentencias 247/1973 y 5172/1979, ha sido luego hecha propia también por la Corte Constitucional con las sentencias 247/1974, 88/1979, 212/1983, 184/1986, 559/1987, 319/1989, 307, 396 y 455/1990, 218/1994).

El derecho a la salud está dirigido a la tutela de la integridad física y síquica de la persona frente a cualquier amenaza proveniente del ambiente externo (es decir respecto de agresiones a la salud que deriven de las condiciones propias del lugar de trabajo, de la escuela, de la ciudad o de cualquier otro ambiente de vida). Si bien en general se considera como un típico derecho social y es un valor recurrente en los debates históricos sobre los mismos[173], el derecho a la salud, considerado en su relación con el individuo, tiene una estructura muy semejante, si no propiamente idéntica, a la de los derechos de libertad

---

[173] Además de los documentos apenas recordados sobre el debate norteamericano de la época del New Deal, véase en la doctrina italiana C. Chiola. "Il diniego di registrazione di specialità medicinali 'analoghe' in relazione agli artt. 32 e 41 cost.", en *Giur. cost.*, 1975, p. 1515; A. Corasaniti. "Profili generali di tutela giurisdizionale contro il danno ecologico", en *Imp. amb. pubblica amministrazione*, 1977, I, pp. 790 ss.. E. Capizzano. "Vita e integrità fisica (diritto alla)", en *Novissimo Digesto italiano*, Vol. XX, pp. 999 ss.; M. Luciani, *Op. cit.*, p. 770.

clásicos (aquellos que la doctrina y la jurisprudencia alemanas denominan *Abwehrrechte*). En efecto, éste supone la titularidad de un bien natural y personal (la salud) respecto del cual todos los otros asociados están obligados a no tener comportamientos de peligro o de daño. Es por ello que el derecho a la salud puede definirse como derecho absoluto del individuo, que, como tal, puede hacerse valer tanto respecto del Estado y los poderes públicos en general como de las "autoridades" privadas (por ejemplo las empresas) o, más en general, en las relaciones (paritarias) entre particulares, como por ejemplo entre productor (-vendedor) y consumidor[174].

Al igual que todos los otros derechos tutelados como valores constitucionales primarios, el derecho a la salud puede sujetarse a límites sólo para su equilibrio armónico con otros intereses constitucionales del mismo rango[175], equilibrio que, en todo caso, tiene que realizarse de manera que se salvaguarde el "contenido esencial" del derecho a la salud mismo[176].

---

[174] Véase Corte Constitucional, sentencias 88/1979, 184/1986, 559/1987, que de esta manera acoge la teoría de la *unmittelbaren Drittwirkung* de los derechos fundamentales. Véase además, en el mismo sentido, la sentencia 202/1991.

[175] Puede verse Corte Constitucional, sentencia 212/1983, así como las sentencias precedentes 27/1975, 342/1985 y 1011/1988. Más recientemente, las sentencias 307/1990, en donde se afirma que el principio de solidaridad no puede ser llevado hasta postular el sacrificio de la salud de cada uno en aras de la tutela de la salud de los demás, 455/1990 y 218/1994.

[176] Véase Corte Constitucional, sentencias 992/1988, 307/1990, 304/1994 y en especial 184/1993 (sobre la exención del pago de la cuota de participación en los gastos

## b. Derecho a un ambiente sano (arts. 9° y 32)

Si bien no faltan autorizadas opiniones doctrinales que tienden a conectarlo al derecho a la salud y, por tanto, a considerarlo como dotado, si bien de manera derivada, de las mismas características del derecho que acabamos de examinar[177], y si bien la Constitución no impide en absoluto un desarrollo de esta naturaleza por vía legislativa, el hecho es que hoy por hoy, a falta de la previsión de instrumentos de tutela judicial atribuidos al individuo en cuanto tal, en nuestro ordenamiento no se puede decir aún que la equiparación mencionada se encuentra del todo realizada. Por lo demás, precisamente la necesidad de proporcionar instrumentos de tutela jurídica adecuados por parte del legislador demuestra que el "derecho a un ambiente sano" no goza de una garantía constitucional directa e inmediata como derecho subjetivo, sino que recibe una tutela que deriva de la confluencia en uno de tres componentes fundamentales (si bien no se puede excluir la relevancia de otros), constituidos principalmente por intereses protegidos por la Constitución como "bienes" colectivos o valores objetivos, es decir: la tutela del paisaje (art. 9°); la salud como "interés de la

---

sanitarios en favor de los pensionados con bajos ingresos), en la que la Corte identifica un "contenido mínimo esencial del derecho de tutela de la salud" que no se puede limitar ni extinguir.
[177] Véase por ej., si bien con un énfasis diferente, M. Luciani. *Il diritto costituzionale*, cit., p. 783 ss.; A. Corasaniti. *Interessi diffusi, cit.*, p. 446.

colectividad" (art. 32), y, en la medida en que el ambiente atañe también a los individuos, el derecho individual a la salud (art. 32) (Corte Const., sents. 183, 192 y 201/1987).

De estas disposiciones constitucionales se deduce que la exigencia de protección de la salubridad del ambiente se configura, ante todo, como interés difuso que se refiere a una colectividad, cuya tutela o cuya lesión se refleja en los individuos, en cuanto partes de determinados agregados sociales o, incluso, en la generalidad de los ciudadanos, confiriéndoles verdaderos derechos subjetivos (especialmente, Casación, Secc. Un., sent. 5172/1979). En la combinación de elementos "individualistas" y "colectivistas", éstos parecen prevalecer en la estructuración actual del derecho, no tanto sobre la base de una presunta naturaleza preconstituida del "derecho al ambiente sano" (que podría configurarse lógicamente también en términos asociables a las técnicas de tutela jurídica individual), sino más bien con base en una elección de política legislativa, para la cual el bien "ambiente sano", por concernir en igual medida a un interés de la colectividad (ambiente) y a uno de los individuos que la componen (salud), se considera hoy tutelable con mayor eficacia, de manera principal, confiando directamente su cuidado a las colectividades interesadas, en razón de la multiplicidad tipológica de sus manifestaciones posibles. Pese a esta caracterización primaria, cada vez que haya una amenaza directa y actual contra la propia salud, el individuo tiene, en cualquier caso, un derecho a obtener un resarcimiento del daño o una indemnización equitativa, si se reúnen los elementos típicos[178], y a que se implementen todas las medidas preventivas y represivas (inhibición) necesarias para garantizar que las fuentes que amenazan la salubridad del ambiente cesen su actividad.

En el estado actual de la evolución del régimen positivo, el "derecho a un ambiente sano" ocupa una posición intermedia y, a decir verdad, precaria, entre la tutela iuspublicista (irreductible a una configuración en términos de derecho subjetivo) propia del ambiente (en la noción codificada por la Ley 349/1986) y la tutela individualista de la salud (art. 32 const.). En la medida en que no se superpone a ésta, hace parte de los "derechos a determinadas prestaciones" que la Constitución tutela con base en una norma dirigida a comprometer al conjunto de las instituciones públicas en la persecución de ciertas finalidades. Se trata, por tanto, de un "derecho" que debe asegurarse a través del equilibrio con otros intereses constitucionales que tienen el mismo rango primario y con la gradualidad ligada a los recursos financieros y a una correcta política del presupuesto de las instituciones públicas[179].

---

[178] Corte Constitucional, sentencias 184/1986 y 307/1990 (esta última sobre la indemnización equitativa). También las sentencias 356 y 485/1991 y 37/1994 hablan de un tutela integral y no limitable del derecho a la salud.
[179] Sobre estas características de la tutela de la salud como "interés de la colectividad" véase Corte Constitucional, sentencias 112/1975, 202/1982, 307/1990, 51/1991 y 218/1994.

Es verdad que, siendo la salud el valor de referencia tanto del derecho individual garantizado por el artículo 32 superior como del "derecho al ambiente sano", no es fácil trazar la línea divisoria entre los intereses tutelables directamente por el individuo y aquellos tutelables colectivamente. La línea de demarcación más razonable puede identificarse en el criterio que considera aferentes al "derecho a la salud" todas las actividades peligrosas o nocivas dirigidas contra determinadas personas, y al "derecho al ambiente sano" las actividades que pueden significar de manera inmediata peligro o daño para la salud de una cierta generalidad de personas. Pero, ante una diferencia puramente cuantitativa, como la mencionada, no se puede concluir de manera realista sino afirmando que la línea divisoria se deja en realidad a la praxis futura y a la evolución legislativa que tenga la materia. En cualquier caso, si esta evolución tuviera que tender a la ampliación del "bien" tutelado con el derecho en cuestión, hasta coincidir con una situación tendencialmente general de bienestar del individuo, resultaría en extremo problemático definir un derecho propiamente dicho, que no sea una descripción *ex parte adversa* del interés general de la salubridad tutelado por los poderes públicos[180].

---

[180] Sobre este tema M. Luciani. *Il diritto costituzionale, cit.*, p. 792.

## c. Derecho a tratamientos sanitarios (art. 32)

El derecho a los cuidados médicos es un derecho instrumental respecto del derecho a la salud, que está implícito, claramente, en tres diferentes disposiciones del artículo 32. Ante todo, éste se deduce del propio derecho a la salud, que, al comportar la ausencia de la enfermedad y justificando así las actividades terapéuticas orientadas a prevenir y curar la enfermedad, presupone que se reconozca también el derecho a recibir tratamientos sanitarios. En segundo lugar, la Constitución misma estatuye, en el artículo 32.1, un derecho de los indigentes a cuidados gratuitos. Por último, el artículo 32.2, al afirmar que nadie puede ser obligado a tratamientos sanitarios, excepto aquellos determinados por la ley, implica una libertad general del individuo de escoger si se somete a tratamientos sanitarios y, eventualmente, a cuáles.

Estos son tres derechos diferentes que de ordinario se reúnen bajo la etiqueta de "derecho a tratamientos sanitarios", pero que, en realidad, se deben caracterizar jurídicamente de manera del todo diferenciada.

La *libertad de someterse a tratamientos sanitarios* y de escoger el médico y el lugar de los mismos es un derecho inmediatamente ligado a la libertad de disponer del propio cuerpo, tutelada como derecho inviolable por el artículo 13 superior. Es, entonces, un derecho de libertad clásico, previsto como una garantía concreta de la integridad física y síquica, que puede someterse a límites sólo sobre la base de leyes dirigidas a imponer determinados tratamientos, justificados por la tutela de la salud pública.

La remisión al artículo 3.2, pese a la formulación absolutamente genérica, no puede, sin embargo, interpretarse como remisión en blanco, sino que tiene el significado de justificar intervenciones legislativas orientadas a atenuar la libertad en cuestión para la tutela de otros derechos fundamentales y a disponer tratamientos obligatorios sólo en caso de que éstos sean *necesarios* para prevenir o evitar peligros o daños graves para la salud pública[181].

Por otra parte, hay que precisar que la libertad en cuestión, como toda libertad individual, cuando se ejerce al interior de instituciones sanitarias públicas, es decir cuando un ciudadano no elige recurrir a entidades privadas, debe equilibrarse con las necesidades de la organización hospitalaria pública[182].

El *derecho de los indigentes a cuidados gratuitos* es, por el contrario, un derecho a prestaciones positivas, cuyo goce está condicionado por la existencia de una organización sanitaria pública o subsidiada por el Estado. Pero, de configurarse este presupuesto, el derecho en cuestión

---

[181] Corte Constitucional, sentencias 39/1977, 307/1990 y 218/1994, así como, en doctrina, M. Luciani. *Il diritto costituzionale*, *cit.*, pp. 780 ss.

[182] Corte Constitucional, sentencias 175/1982, 212/1983, 1011/1988, 307 y 455/1990, 40 y 49/1991 (en la que se subraya que, si bien en la diversidad de las diferentes entidades hospitalarias públicas, las prestaciones se deben corresponder con la mayor uniformidad posible en todo el territorio nacional), 247/1992, 218 y 304/1994.

constituye un derecho subjetivo directamente tutelable ante el juez, al igual que sucede por lo que se refiere al derecho a la asistencia (art. 38).

Por último, el *derecho a recibir cuidados médicos* es el primero de los derechos del enfermo, frente al cual existe el deber del médico, jurídicamente (incluso penalmente) sancionado, de prestar cuidados adecuados[183]. Se trata de un derecho subjetivo que, de faltar, vaciaría de significado el derecho fundamental a la salud y cuya importancia ha sido recientemente subrayada por la Corte Constitucional, que ha afirmado la primacía de este derecho, al menos cuando los tratamientos sean objetivamente indispensables, respecto de las necesidades de la organización sanitaria pública (sent. 992/1988, que declaró la inconstitucionalidad de una ley en la parte en que no permitía ciertas prestaciones en clínicas no vinculadas al sistema sanitario público, cuando éstas fueran las únicas que dispusieran de los equipos necesarios y los tratamientos resultaran indispensables).

d. Derecho a la vivienda (art. 47.2)

El destino de este derecho ha corrido paralelo al del

---

[183] Sobre el *right to treatment* existe una relativamente copiosa literatura en los Estados Unidos: véase M. Birbaun. "The Right to Treatment", en *ABAJ*, Vol. 46, 1960, pp. 449 ss. y D. Bazelon. "Implementing the Right to Treatment", en *UCLR*, 1969, pp. 742 ss., así como algunas decisiones de cortes federales de condena a cargo de clínicas por no respetar estándares mínimos de atención sanitaria.

"derecho al trabajo". Tras estar en el centro, junto con este último, del debate sobre los "derechos sociales" como reconocimiento a todo hombre, incluso al más pobre, de las condiciones mínimas para vivir una existencia digna, y tras ser hecho propio no sólo por proyectos o discursos famosos[184] sino también por cartas de derechos y por constituciones democráticas aún vigentes[185], prácticamente en todas partes se ha tomado conciencia de que el "derecho a la vivienda", en su significado "fuerte" de derecho a recibir (en propiedad o en alquiler) una habitación, es compatible sólo con un ordenamiento en que la propiedad raíz y la actividad de la construcción estén reservadas a la mano pública o, en todo caso, estén sustancialmente a disposición de los poderes públicos. Ahora bien, puesto que un control sobre la oferta de vivienda se puede dar sólo en el ámbito de un régimen que excluya un mercado del sector (como en las viejas constituciones socialistas de los países de Europa Oriental) y puesto que en las normas constitucionales sobre las relaciones económicas contenidas en la Constitución

---

[184] Véase el Proyecto de Carta de los Derechos Sociales elaborado por el U. S. National Resources Planning Board en 1943 o el discurso del presidente F. D. Roosevelt de enero 12 de 1944.
[185] Por ejemplo, las constituciones de los estados alemanes de Baviera, Berlín y Bremen, así como la Declaración Universal de los Derechos del Hombre aprobada por la Asamblea General de la ONU y el Pacto Internacional d elos Derechos Económicos, Sociales y Culturales ratificado por Italia en septiembre 15 de 1978 tras la aprobación de la ley 881 de octubre 25 de 1977.

italiana faltan disposiciones que autoricen considerar el sector de la vivienda como sustraído en general a la regla del mercado libre, se considera de manera correcta que el "derecho a la vivienda", en el sentido de pretensión jurídica que tiene por contenido la adquisición o disfrute de una habitación, no es un derecho propiamente dicho, sino más bien un interés de relieve constitucional, que indica la satisfacción de una necesidad primaria, que el legislador y los poderes públicos deben tutelar y realizar dentro de los límites de lo posible[186].

Ante estas posiciones irrefutables, se está abriendo camino en la reciente jurisprudencia constitucional una concepción diferente del "derecho a la vivienda", que, como en el caso del "derecho al trabajo", ya no tiende a ver en él una pretensión jurídica independiente, reconocible a todo sujeto que se sitúe en el mercado de vivienda como portador potencial de una solicitud de adquisición

---

[186] En este sentido D. Sorace. "A proposito di 'proprietà dell'abitazione', 'diritto all'abitazione' e 'proprietà (civilistica) della casa'", en *Scritti in onore di C. Mortati*, III, Milano, 1977, pp. 1046 ss.; S. Bellomia. "Necessità del locatore e 'diritto alla casa' del conduttore", en *Rivista Giur*. Ed., 1978, I, pp. 325 ss.; F. Mereusi. "Commento all'art. 47", en *Commento Costituzionale Branca, cit.*, p. 186 y nota 10; G. Corso. I diritti sociali, cit., pp. 773 ss.; en especial, Merusi subraya que este "derecho", referido al goce del alojamiento por parte del arrendatario, no puede invocarse como "cobertura" o justificación constitucional de la legislación obligatoria vigente; en este sentido véase Corte Constitucional, sentencia 252/1983, así como 1028/1988. Sobre la necesidad de "impedir que alguien pueda quedar sin habitación" como interés constitucional primario, que se traduce en un imperativo para los poderes públicos en relación con el orientamiento de su política económica y financiera, véase Corte Constitucional, sentencias 49/1987 399 y 599/1989, 142/1991 y 169/1994.

o de alquiler o de un interés en la estabilidad del goce respectivo[187]. Más bien, ella tiende a ver en éste un derecho instrumental y convergente respecto de otras situaciones subjetivas de necesidad que, al gozar de una tutela constitucional separada y especial, confieren así al "derecho a la vivienda" un significado más "débil" respecto del que se ha afirmado en el debate tradicional sobre los derechos sociales, un significado que en la práctica hace de aquel "derecho" un elemento supletorio o integrador de la garantía de las condiciones mínimas y esenciales para una existencia digna. En otras palabras, la vivienda es un bien de importancia primaria cuyo goce está constitucionalmente obligado a facilitar el legislador cuando, en el ámbito de la tutela global de las necesidades primarias, se crea una situación de grave desigualdad de hecho (debida a sucesos particulares en el desarrollo del mercado de vivienda o a otras causas coyunturales) que hace especialmente difícil, si no imposible en la práctica, la realización de los estándares mínimos de una convivencia digna para determinadas clases de sujetos sin una intervención pública como garantía del acceso al mercado de vivienda de los sujetos más débiles (Corte Const., sent. 169/1994).

---

[187] Entre finales de los años 70 y comienzos de los 80 no faltó la jurisprudencia ordinaria, especialmente de los pretores, dirigida a construir el "derecho a la habitación" como derecho subjetivo perfecto del arrendatario a la estabilidad del goce del alojamiento: véase por ej. Pretura de Turín, octubre 19 de 1977.

Esta concepción parte de una interpretación de las disposiciones constitucionales que ve en el artículo 47.2, una base insuficiente para garantizar un "derecho a la vivienda" autónomo, por el hecho que éste, al igual que tantas otras normas que expresan un simple *favor* hacia determinados intereses (véase, por ejemplo, el artículo 9° sobre la tutela del paisaje, o el artículo 31 *in fine*, sobre la protección de la maternidad, de la infancia y de la juventud, o el artículo 35 sobre la tutela del trabajo), puede conducir simplemente al reconocimiento del acceso de los estratos populares a la propiedad de la vivienda como valor o interés objetivo fundamental (Corte Const., sents. 149/1983, 369/1985, 880/1988 sobre los intereses protegidos por los artículos 31 y 35). Y ello puede ser confirmado por la consideración, realizada por la doctrina[188], según la cual el artículo 47.2 no es otra cosa que una especificación ejemplificadora del precepto constitucional general del artículo 42.2, relativo al compromiso del legislador de hacer accesible para todos la propiedad privada (el así llamado derecho a la propiedad). Sin embargo, al relacionar estos principios con otros "derechos sociales", tutelados por separado como valores fundamentales y esenciales de la Constitución, es posible, en los límites indicados, recabar de la interpretación sistemática así realizada la configuración de un verdadero "derecho social a la vivienda".

---

[188] En especial D. Sorace. *A proposito, cit.*, pp. 1041 ss.; F. Merusi. "Commento", *cit.*, p. 186 y nota 10; G. Corso. *I diritti sociali, cit.*, pp. 773 ss.

La Corte Constitucional, hasta ahora, ha aplicado este paradigma especial a dos hipótesis diferentes. En un caso, que se refería al disfrute de la vivienda, identificó un "derecho a la vivienda" en función de la tutela por acordar a la familia de hecho (sent. 404/1988). Ya hemos visto que la garantía de la familia legítima, según el artículo 29, comporta en los miembros de la misma un derecho social fundamental a la (co-) habitación, como parte esencial de los "derechos de la familia" allí reconocidos. También hemos visto que, según la propia Corte Constitucional, los mismos derechos se deben garantizar a los hijos nacidos por fuera del matrimonio cuando no exista una familia legítima y que, cuando, por el contrario, ésta exista, los derechos de aquellos deben equilibrarse con los de los miembros de la familia legítima, sin poderse negar, en todo caso, en su núcleo irreductible. De ello se puede deducir que los derechos de los miembros de la familia de hecho tienen una cierta tutela constitucional, que en todo caso no se puede negar en relación con el contenido esencial de los bienes de importancia primaria para la garantía de una existencia digna del hombre. Y, entre éstos, según la Corte Cosntitucional, se debe incluir el "derecho a la vivienda" del conviviente *more uxorio*, por tratarse de un derecho "inviolable del hombre" (art. 2° const.), dirigido a garantizar, precisamente, una vida digna para sí y eventualmente también para los hijos (sents. 404/1988 y 559/1989).

La Corte Constitucional realizó una aplicación más del paradigma apenas ilustrado en otro caso relativo al "derecho" a adquirir la primera casa reconocido a los jóvenes tabajadores subordinados (sent. 217/1988). También en este caso el "derecho a la vivienda" se incluyó en los derechos sociales fundamentales en cuanto dirigido a garantizar las condiciones mínimas de subsistencia (aseguradas en general a los trabajadores subordinados por el artículo 37 superior, en la forma de un derecho inviolable a la retribución suficiente), ante una situación del mercado de la vivienda que, de no corregirse con las facilidades especiales previstas, habría hecho vana para los trabajadores más jóvenes y carentes de la propiedad de otros bienes inmuebles (y por tanto menos favorecidos en la disposición de medios de ahorro) la solemne garantía constitucional de una vida digna para sí y para la propia familia precisamente en relación con un bien (la vivienda) de primaria importancia para la vida del hombre (también sent. 169/1994).

Resulta evidente, en todo caso, que también si se identifica de esta manera el "derecho a la vivienda" sigue siendo un derecho social fundamental cuya garantía reposa en la valoración razonable del legislador tanto respecto de la necesidad de equilibrar ese bien primario con los otros intereses constitucionales tutelados y de condicionar su goce a las posibilidades presupuestales del Estado o de otros organismos públicos competentes en la materia (regiones, provincias autónomas, municipios), como respecto de la subsistencia, de hecho, de situaciones reales que comporten un serio riesgo de hacer vano, por lo menos en relación con la disponibilidad de vivienda, el principio constitucional que está en la base del mismo reconocimiento de los derechos sociales, es decir la garantía a todos de las condiciones mínimas para vivir una vida digna del hombre.

## CAPÍTULO OCTAVO
## LA NATURALEZA JURÍDICA DE LOS "DERECHOS SOCIALES FUNDAMENTALES" (LIBERTADES SOCIALES, DERECHOS "INCONDICIONADOS" Y DERECHOS "CONDICIONADOS"): MULTIPLICIDAD Y UNIDAD DE SU ESTATUTO CONSTITUCIONAL

La reseña detallada de los "derechos sociales fundamentales" desarrollada en el parágrafo anterior –que intencionalmente se realizó siguiendo la línea de la jurisprudencia constitucional, no tanto porque de ella han venido los mayores aportes y progresos en la materia, como porque representa el derecho constitucional vigente y efectivo– impone que el problema de la naturaleza de los derechos sociales se enfrente teniendo en cuenta por lo menos una doble cautela esencial, olvidada con demasiada frecuencia.

El primer aspecto es que la configuración de los derechos sociales en la Constitución italiana se presenta con características por completo originales, ligadas al doble hecho –que no tiene parangón en ninguna otra de las constituciones democráticas contemporáneas– en virtud del cual, por una parte, el catálogo de los derechos sociales tiene una amplitud y sistematicidad inusuales y, por otra, los mismos derechos gozan de la garantía propia de los derechos constitucionales (es más, a menudo de los derechos inviolables), y no de aquella propia de los derechos "legales", es decir de los derechos simplemente fundados en la ley ordinaria. Ello hace en gran parte inaplicables a la experiencia positiva italiana no sólo los famosos debates de la época weimariana (empezando por las conocidas elaboraciones teóricas de Carl Schmitt), sino también las interesantes contribuciones formuladas en relación con la Constitución alemana actual, en cuanto en uno y otro caso los derechos sociales, como tales, no tienen un fundamento específico en la Constitución, sino que en ésta encuentran sólo normas de remisión sustancial al legislador, o bien sólo algunas referencias, que en la gran mayoría de los casos quedarían sin significado en ausencia de una intervención constructiva del legislador y de la jurisprudencia constitucional (Alemania Federal).

El segundo aspecto que se debe tener presente es que los derechos sociales, como se ha podido apreciar, representan un archipiélago formado por entidades de diferente naturaleza y diferente consistencia. Ciertamente esta consideración no es nueva[189]. Sin embargo, esta anotación se ha hecho, por lo general, para refutar antiguas

---

[189] Véase, para la doctrina italiana, M. Mazziotti. *Diritti sociali, cit.*, p. 806; M. Luciani. *Il diritto costituzionale, cit.*, p. 778; G. Corso. *I diritti sociali, cit.*, pp. 763 ss.; y, para la alemana, P. Badura. *Das Prinzip, cit.*, p. 34.

concepciones, consideradas hoy insostenibles[190], y no para definir positivamente la naturaleza de los derechos sociales. Y en cambio, como se mostrará en breve, una precisa articulación de los derechos sociales por grupos homogéneos es esencial precisamente con el fin de darse cuenta que, con el complejo desarrollo de tales derechos por la Constitución italiana, al no ser objetivamente posible una definición unitaria de cada aspecto de la naturaleza jurídica de los derechos sociales, resulta más razonable intentar una definición articulada que, aun conservando aspectos fundamentales de unidad, distinga los diferentes derechos sociales en grupos dotados de una estructura jurídica homogénea.

Sin embargo, no se puede callar que la mayoría de la doctrina italiana recurre aún a definiciones unitarias de los derechos sociales, conectándolos, por lo general, a las categorías tradicionales de los derechos públicos subjetivos y, en especial, a la figura de los "derechos cívicos"[191]. Es decir que para ella los derechos sociales son esencialmente *derechos del ciudadano a una prestación positiva por parte del Estado*, derechos que, como tales, se contraponen

---

[190] Véase por ejemplo M. Mazziotti, *Op. cit.*, p. 806, quien le da importancia a la objeción sólo para demostrar que es insostenible la distinción de Schmitt entre derechos de libertad basados en la Constitución y derechos sociales fundados en la ley.

[191] Como la elabora Santi Romano. *La teoria, cit.*, pp. 171 ss. que sigue la definición de Jellinek de los derechos reconocidos al individuo frente al Estado en relación con su *status positivus*, con su calidad de *civis*.

a los derechos de libertad, que serían, en cambio, pretensiones de *non facere* o, en todo caso, derechos que presuponen una libre actividad que exige sólo ser respetada por parte del Estado[192].

Por grande que sea la fuerza de la tradición[193], el hecho es que la definición citada se sitúa hoy en contradicción con una concepción de los derechos sociales como derechos constitucionales del individuo (como por el contrario los considera, de manera correcta, la Corte Constitucional) y, además de no estar en condiciones de resumir en sí misma la compleja variedad de los derechos sociales, no logra ni tan siquiera captar la diferencia real con los derechos de libertad.

Es necesario precisar, en efecto, que los "derechos sociales" tradicionales tenían un sentido jurídico sólo en un ordenamiento en que tales derechos se basaban realmente en la ley ordinaria, en cuanto, pudiendo la ley obligar a la administración pública, era perfectamente concebible que el legislador reconociera a los individuos el derecho a ciertas prestaciones y, al mismo tiempo, impusiera a la administración la obligación de erogar las

---

[192] También esta contraposición tiene origen en Santi Romano. *La teoria, cit.*, pp. 159 ss. y 171 ss., en donde también se siguen las conocidas posiciones de Georg Jellinek.
[193] Y esta es tan grande como para hacer aceptar sustancialmente una definición como la antes traída también a quien rechaza la teoría de los derechos públicos subjetivos y niega que se puedan concebir los derechos de los individuos como pretensiones de "no hacer": véase E. Casetta. "Diritti pubblici subbiettivi", en *Enciclopedia del Diritto*, Vol. XII, Milano, 1964, pp. 799 ss.

prestaciones en cuestión, dando así vida a un derecho subjetivo perfecto (que la concepción de los derechos públicos subjetivos es del todo interna a una dimensión "legal" de los derechos respectivos es un tema por nosotros estudiado en el ensayo "Derechos públicos subjetivos").

Pero este esquema, transferido a las constituciones democráticas contemporáneas, en donde los derechos del ciudadano (y, en el caso italiano, también los derechos sociales) poseen un reconocimiento y una garantía que provienen directamente de la Constitución, se convierte en un *non sense*. En efecto, una vez que se radican en normas constitucionales, los derechos del ciudadano se traducen en pretensiones de una prestación positiva dirigida esencialmente hacia el legislador, con el fin de que éste establezca las obligaciones de cumplimiento en cabeza de los poderes públicos y/o apreste el aparato necesario para satisfacer los requerimientos de los ciudadanos basados en las garantías constitucionales mencionadas. Pero una pretensión jurídica respecto de un sujeto, es decir un "vínculo", en relación con una actividad, como la legislativa, que por definición es libre (por lo menos en el *si*), es algo que no se puede concebir jurídicamente, en cuanto es, simplemente, una contradicción lógica[194].

---

[194] Véase también W. Schmidt. *I diritti fondamentali, cit.*, pp. 786 ss., sobre la posición analoga de la jurisprudencia alemana.

Este *non sense*, sin embargo, se ha repetido por décadas por la doctrina italiana con el fin de demostrar el carácter "legal" de los derechos sociales y su naturaleza de meras "promesas" constitucionales. Y, acaso porque se quería con tenacidad, este resultado, aunque en gran parte rechazado por la jurisprudencia de la Corte Constitucional antes citada, deja en la sombra el hecho que un esquema categorial, como el de los "derechos cívicos" de romana memoria, elaborado para explicar los derechos de los ciudadanos basados en la ley ordinaria (o en una Constitución flexible), es del todo inadecuado para definir la naturaleza jurídica de los derechos sociales como derechos fundamentales, es decir como derechos basados en la Constitución (rígida) y garantizados por la misma.

De la misma manera, en el nuevo cuadro constitucional, ya no es sostenible el postulado inicial de la teoría apenas criticada, es decir la contraposición de los derechos sociales a los derechos de libertad basada en la objeción que sólo los primeros requieren prestaciones positivas (por parte del Estado), mientras los otros comportan solamente un deber de respeto y de abstención (siempre por parte del Estado). A decir verdad, de la inexactitud de este segundo perfil de la cuestión hay ya una amplia conciencia: de ahí que se haya afirmado con razón que, incluso si "los derechos sociales dependen, en su realidad concreta, de la organización del Estado […] es pura ilusión pensar que lo mismo no es verdad también para los derechos de libertad"[195].

Y, en efecto, también los clásicos derechos de libertad —como, por ejemplo, el primero de ellos, la "libertad ante el arresto", es decir el derecho de no ser arrestado sino en los casos y en las formas establecidas por la ley y por orden de un juez independiente— no habrían podido garantizarse en lo más mínimo, en sus comienzos, sin prestaciones positivas por parte del Estado y, en especial, sin una adecuada organización de los poderes estatales y la previsión de determinados deberes por parte del Estado (por ejemplo, la constitución de un aparato judicial independiente del poder político, el deber del juez de ser imparcial). Y, aún, en relación con muchos derechos de libertad, la intervención positiva del Estado es necesaria para proporcionar los presupuestos de hecho para el ejercicio y el goce de los mismos derechos (por ejemplo, la libertad de domicilio no tendría sentido sin la existencia de un refugio doméstico, así como la libertad de expresión del pensamiento no podría desplegarse sin un régimen positivo de los medios necesarios para la expresión del pensamiento). Y tampoco se debe subvalorar la objeción según la cual no pocos derechos sociales tienen la misma estructura que los clásicos derechos de libertad y, por tanto,

---

[195] Así Mazziotti. *Diritti sociali, cit.*, p. 806; de manera análoga M. Luciani. *Il diritto costituzionale, cit.*, p. 778; en la doctrina alemana esta es una opinión aceptada por todos: véase por ejemplo G. Brunner. *Die problematik, cit.*, pp. 12 ss.; L. Wildhaber. "Soziale Grundrechte", en AA. VV. *Der Staat als Aufgabe, Gedenkschrift für M. Imboden*, Basel-Stuttgart, 1972, pp. 382 ss.; A. Mutius. *Grundrechte, cit.*, p. 187; P. Badura. *Das Prinzip, cit.*, p. 45; W. Schmidt. *I diritti fondamentali, cit.*, pp. 797 ss. y 801 ss.

respecto de ellos no tendría sentido la contraposición apenas criticada[196].

El hecho es que los "derechos sociales" son, desde el punto de vista de su estatuto constitucional, una "institución joven"[197], de manera que pareció casi natural que la doctrina, ante la dificultad objetiva de su inserción en un cuerpo de principios ya consolidado, tradujera los apremiantes problemas ligados a la garantía concreta de los derechos sociales en problemas aferentes a su naturaleza jurídica. Pero, bien vista, la transposición de los problemas de "factibilidad" o de desarrollo a problemas de naturaleza conceptual u "ontológica", si no de valor, es sin duda alguna un error lógico, puesto que entre los dos órdenes de cuestiones no existe puente alguno. Sea claro que al decir esto no se quiere negar que existe un problema constitucional o, más exactamente, una peculiaridad ligada a la garantía de los derechos sociales o, por lo menos, de aquellos derechos sociales que no tienen la estructura jurídica de los derechos de libertad. Más bien, se quiere refutar que el problema haya sido captado de manera precisa por las difusas opiniones doctrinales que definen la naturaleza de los derechos sociales a través del paralelismo con las "normas programáticas", absorbiendo de modo indiscriminado en la problemática de éstas (relativa a su "aplicación") las

---

[196] Véase G. Brunner. *Die problematik, cit.*, p. 13.
[197] *Ibid.*, p. 11.

diferentes cuestiones que conciernen a la "naturaleza jurídica" de aquellos derechos.

No cabe duda que, una vez garantizados, sólo los derechos de libertad son, por definición, *self-executing*[198]. Sin embargo, ello no se debe al diferente valor o a la diferente garantía establecida para estos derechos por la Constitución, sino a la estructura jurídica particular que éstos poseen, tratándose de derechos cuyo desarrollo, una vez que se hayan garantizado efectivamente, depende ante todo de comportamientos o conductas del titular (*agere licere*). Ello es tan cierto que el carácter de "autoaplicabilidad" se encuentra así mismo en los no pocos derechos sociales que tienen la misma estructura que las libertades fundamentales, es decir los así llamados *derechos sociales de libertad*, como la libertad de elegir una profesión (art. 4°), los derechos de familia por lo que se refiere a la libertad de contraer matrimonio y al derecho de procreación (art. 29), el derecho de los padres a escoger la educación para sus hijos (art. 30), la libertad de enseñanza (art. 33), la libertad de instituir y administrar escuelas (art. 33.3), la libertad de elegir la escuela (art. 34.1), la libertad de emigrar (art. 35 *in fine*), la libertad sindical (art. 39) y el derecho de huelga (art. 40). Además, probablemente hay que agregar a este grupo también el

---

[198] Para esta definición puede verse H. H. Klein. *Die Grundrechte in demokratischen Staat*, Stuttgart, 1972, p. 65.

derecho a la salud (art. 32), que, según la jurisprudencia constitucional antes citada, tiene las mismas características absolutas y de "autoaplicabilidad" que los derechos de libertad: y, en verdad, su estructura jurídica es del todo semejante a la de la libertad personal (art. 13), puesto que, mientras ésta tutela a la persona humana en su integridad física y síquica frente a amenazas o lesiones directas y actuales, aquel la protege de agentes patógenos o de enfermedades introducidas por terceros, no a través de conductas directas y actuales sino de la actividad en el ambiente de vida personal o colectiva que recae después, con sus efectos patógenos, sobre determinadas personas.

Por el contrario, el problema es sin duda diferente respecto de todos los otros derechos sociales cuyo contenido no está dado por comportamientos o conductas del titular de los mismos sino por una pretensión jurídica dirigida a otros sujetos (públicos o privados), con el fin de que éstos adopten comportamientos o conductas en favor del titular de los derechos mismos (prestaciones positivas). El error principal que comete la teoría que se funda en el paralelismo con las "normas programáticas" es precisamente el de considerar como idénticas disposiciones constitucionales que en realidad son por completo diferentes entre sí, como las normas que garantizan un derecho a una prestación positiva, cuyas modalidades y límites deben ser determinados por la ley. En otras palabras, entre disposiciones que dicen "la República protege la maternidad, la infancia y la juventud" (art. 31

*in fine*), o "la República tutela el trabajo en todas sus formas y aplicaciones" (art. 35), o "la República promueve y tutela el ahorro en todas sus formas" (art. 47), y disposiciones que dicen "todo ciudadano inhábil […] tiene el derecho al sostenimiento y a la asistencia" (art. 38.1), o "la República reconoce el derecho de los trabajadores a colaborar, en las formas y dentro de los límites establecidos por las leyes, en la gestión de las empresas" (art. 46) existe una profunda diferencia, dada por el hecho que sólo en el segundo caso existe la garantía constitucional de un derecho (no es posible citar como objeción el ejemplo del artículo 4° superior, en el que se habla de "derecho al trabajo" sin que se pueda decir de manera razonable que esta norma garantiza un "derecho al puesto": en efecto, este es un problema de interpretación, que no concierne al problema que aquí se debate, puesto que aquí se habla de normas de las que se puede deducir con seguridad la garantía de un derecho; y, por lo demás, del artículo 4° se pueden deducir, como hemos mostrado, otros significados que denotan otros tantos derechos). Se trata de una diferencia que no puede ser reducida a la cualificación común de los dos tipos de disposiciones como "normas programáticas", terminando así por reconocer al legislador, en ambos casos, plena discrecionalidad, no sólo sobre el *cómo* y el *cuándo* (como es correcto que sea), sino también sobre el *si* y el *quid* de la garantía del derecho, es decir sobre aspectos que, garantizados constitucionalmente, de esta manera se privan de su verdadero alcance. En efecto, por esta vía, a través de una categorización más bien grosera, un derecho constitucional se degrada a derecho "legal".

Más precisa y productiva resulta, en cambio, una distinción diferente al interior de los derechos sociales de que se habla (es decir, los derechos a una prestación), que se distancia en parte, pero de manera significativa, de la distinción que se ha criticado. En efecto, es posible distinguir entre derechos sociales "incondicionados" y derechos sociales "condicionados"[199]. Mientras los primeros son derechos que conciernen a relaciones jurídicas que se instituyen espontáneamente, es decir sobre la libre iniciativa de las partes, refiriéndose a ellos para cualificar el tipo o la calidad de determinadas prestaciones debidas (por ejemplo: el derecho a una retribución suficiente, el derecho al descanso, el derecho a la asistencia familiar, el derecho de los hijos a la educación), los otros, por el contrario, son derechos cuyo goce depende de la existencia de un presupuesto de hecho, es decir, de la presencia de una organización erogadora de las

---

[199] Ahora esta distinción ha sido acogida por la Corte Constitucional italiana: por ejemplo, en las sentencias 1011/1988, 399/1989, 455/1990, 40/1991, 62 y 247/1992, 218 y 304/1994. La distinción es muy semejante a aquella entre derechos "originarios" y derechos "derivados" propuesta en Alemania por W. Martens. *Grundrechte, cit.*, p. 21, que tiene numerosos seguidores en la *Grundgesetz Kommentar*, München, 1981, p. 29; K. Hesse. "Grundrechte", en Benda-Maihofer-Vogel (eds.). *Handbuch des Verfassungsrecht, cit.*, p. 96; aquí no se sigue aquí la terminología de esta doctrina, pues ello podría conducir al equívoco de considerar los diferentes derechos sociales como si tuvieran una relación diferente con la base constitucional común que los legitima.

prestaciones objeto de los derechos mismos, o, en todo caso, necesaria para hacer posibles los comportamientos o las conductas que constituyen el contenido de aquellos derechos (por ejemplo, el derecho a la asistencia y a la previsión, el derecho de los trabajadores a la colaboración en la gestión de las empresas).

Los derechos sociales "incondicionados", que son los más numerosos entre los derechos a prestaciones positivas previstas por la Constitución, no plantean ningún problema especial en relación con su goce. Ellos se refieren a prestaciones determinadas en su género y, por tanto, pueden hacerse valer directamente por los derechohabientes frente a la contraparte (privada o pública), en cuanto, por el sólo hecho de su reconocimiento en la Constitución, acceden automáticamente a las relaciones jurídicas a que se refieren, dejando al juez, en caso de conflicto entre las partes, sólo la tarea de determinar el *quantum* de la prestación debida –siempre que no esté preestablecida por ley– a través del ejercicio de la propia discrecionalidad de interpretación (valoración) y/o el recurso a parámetros de juicio extra-legislativos o "consuetudinarios". De este subgrupo de derechos sociales hacen parte el derecho a una retribución "proporcionada" y "suficiente" (art. 36.1), el derecho al descanso y a las vacaciones (art. 36.2 y 36.3), el derecho de la mujer a la igualdad de las condiciones de trabajo y el del menor a la equidad de la retribución (art. 37), el derecho a recibir cuidados médicos (art. 32.2), los "derechos de la familia", por lo que se refiere al derecho a la asistencia (recíproca), a la cohabitación y a la fidelidad (art. 29), el derecho de los hijos a la educación familiar (art. 30), el derecho a no ser despedido arbitrariamente (art. 4°).

Por el contrario, los derechos sociales "condicionados" presuponen, para su goce efectivo, la existencia de organizaciones indispensables para la erogación de las prestaciones garantizadas o para el cumplimiento de las conductas de que consta el derecho en cuestión. De ellos hacen parte el derecho a la asistencia y el derecho a la previsión (art. 38), el derecho a la instrucción y al acceso a las instituciones escolares (art. 34), el derecho a prestaciones sanitarias y el de los indigentes a cuidados gratuitos (art. 32), el derecho de los inhábiles y de los minusválidos a la educación y a la formación profesional (art. 38.3), el derecho de los trabajadores a la colaboración en la gestión de las empresas (art. 46), el derecho a la habitación y el derecho a un ambiente sano. Cuando existen las condiciones de hecho para el goce de estos derechos (existencia de la organización y de las instituciones necesarias), no cabe duda, como se ve con claridad de la jurisprudencia constitucional, que tales derechos dan lugar, en cabeza de los interesados, a pretensiones directamente accionables y defensables ante el juez. En otros términos, con la realización del presupuesto de hecho estos derechos adquieren de nuevo el carácter que el constituyente les imprimió originariamente y se comportan, por ello, como los otros derechos sociales analizados con anterioridad. Pero, a diferencia de lo que sostienen quienes reducen el problema de los derechos sociales al de las normas "programáticas", la ausencia eventual del presupuesto de hecho condicionante (ausencia de la organización y de las instituciones necesarias) no afecta la garantía de aquellos derechos en cuanto al *si* y al *quid*: ésta, en efecto, ya está establecida en la Constitución y no puede negarse, so pena de hacer sustancialmente vanos tales derechos como "derechos constitucionales". La ausencia del presupuesto condicionante se refiere, en cambio, sólo al *cómo* y al *cuándo* asegurar en concreto aquellos derechos[200].

La radicación en la Constitución de la garantía relativa al *si* y al *quid* de los derechos sociales permite afirmar que la discrecionalidad del legislador por lo que se refiere al *cómo* y al *cuándo* no es en absoluto plena e incuestionable. En la jurisprudencia de la Corte Constitucional federal de Alemania Occidental se afirma que, para estos derechos sociales (en el primer y más famoso caso, aquel sobre el "número limitado", se hablaba del derecho a la instrucción) es preciso distinguir entre su reconocimiento, que sin duda se realiza por la Constitución, y su garantía concreta, que se encuentra "bajo la reserva de lo posible" o de lo "razonable"[201].

---

[200] Así A. Mutius. *Grundrecht, cit.*, pp. 188 ss. y Corte Constitucional, sent. 1011/1988.
[201] Véase *BVerfGE*, 3, pp. 330 ss.: puesto que en Alemania muy pocos derechos

Esta fórmula ("bajo la reserva de lo posible y lo razonable") no es en absoluto vacía ni inútil[202]. En efecto, lejos de comportar una remisión en blanco al poder de decisión del legislador, esta fórmula exige, por el contrario, que éste gradúe el desarrollo de los derechos sociales en relación con el cuadro general de los intereses constitucionales primarios que está llamado a satisfacer y con las condiciones globales del presupuesto del Estado[203]. Y aún menos inútil resulta la fórmula si se considera que la Corte Constitucional alemana, en la hipótesis de una prolongada inercia del legislador ante un vínculo constitucional, puede anunciar anticipadamente una próxima decisión de

---

sociales tienen un reconocimiento directo en el *Grungesetz* y puesto que en el caso se trataba de un derecho basado en una ley ordinaria, si bien bajo la copertura del principio general del Estado social, de acuerdo con el artículos 2°, num. 1, y 20, num. 1 del *Grungesetz*, la "reserva de lo posible o de lo razonable", *der Vorbehalt des Möglichen oder des Vernünftigen*, se extiende como es obvio, en ese ordenamiento, no sólo al *cómo* y al *cuándo* de la garantía, sino también al *si* y al *quid*.

[202] Así, por el contrario, P. Häberle. *Das BVerfGE, cit.*, p. 729; A. Mutius. *Grundrecht, cit.*, p. 192, si bien en relación con la interpretación prevaleciente en Alemania, que ya hemos mencionado, que hace derivar de esa fórmula una "relativización" total de los derechos sociales, relativización que, para quien sigue una teoría institucional de los derechos fundamentales, como en el caso de los autores apenas citados, representa un rasgo común de los derechos fundamentales mismos y por tanto hace que aquella fórmula resulte superflua; para la posición opuesta véase J. Isensee. *Verfassung, cit.*, p. 381; P. Badura. *Das Prinzip, cit.*, pp. 35 ss.; W. Schmidt. *I diritti fondamentali, cit.*, p. 797.

[203] Véase *BVerfGE*, 3, pp. 333 s., que de esta manera desatiende la doctrina que veía en las necesidades presupuestales un elemento decisivo para dejar a la completa discrecionalidad de l legislador el reconocimiento mismo de los derechos sociales: véase G. Brunner. *Die problematik, cit.*, p. 16; C. Starck. "Staatliche Organisation und staatliche finanzierung als Hilfen zu Grundrechtsverwirklichungen?", en C. Starck (ed.). *Bundesverfassungsgericht und Grundgesetz*, II, Tübingen, 1967, pp. 522 ss.

anulación, fijando, si es el caso, también un término[204]; y si se tiene en cuenta que la misma Corte extiende su examen sobre la razonabilidad hasta controlar, de acuerdo con un método de tres grados, el *Prognosespielraum des Gesetzgebers*, es decir el uso del poder discrecional por parte del legislador en la previsión de la evolución de los factores sociales que se encuentran en la base de una cierta disposición legislativa[205].

La fórmula examinada por la jurisprudencia constitucional alemana –si bien es muy significativa en relación con una Corte que, gracias a su sólida legitimación política, usa formas de examen de la ley especialmente penetrantes y también flexibles, por lo que hace a la modulación de los efectos de sus propios pronunciamientos– podría ser de indudable utilidad en caso de aplicarse en forma sistemática; aunque en Italia ésta comporta la variante, antes mencionada, ligada a las diferencias entre los dos sistemas constitucionales: es decir que en Italia los derechos sociales no sólo se reconocen por la Constitución, sino que también se garantizan por lo que se refiere al *si* (*an*) y al *quid*, de manera que los derechos sociales condicionados por la "reserva de lo posible y lo razonable" habilitan a la Corte Constitucional para cuestionar la

---

[204] Véase C. Pestalozza. "Noch verfassungsmässige und blossverfassungswidrige Rechtslagen", en *Festgabe BVerfGE*, I, Tübingen, 1976, p. 555.
[205] Véase *BVerfGE*, 50, pp. 331 ss., así como en doctrina K. Schlaich. *Das Bundesverfassungsgericht*, München, 1985, pp. 230 ss.

actividad legislativa cuando el legislador, al determinar el *quomodo* y el *cuándo* de la garantía de los derechos sociales, no haya sido lo suficientemente razonable al ponderar la actuación de los derechos mismos al interior del equilibrio con los otros intereses primarios garantizados por la Constitución y con las necesidades imprescindibles del presupuesto[206].

La utilidad del principio recordado se puede justificar con tres diferentes razones: ante todo, porque éste identifica de manera correcta el problema de la gradualidad necesaria de su realización, y no lo transpone sin justificación en una cuestión relativa a la naturaleza jurídica de los mismos derechos; en segundo lugar, porque, al permitir a la Corte Constitucional conceptuar sobre lo "razonable" de la ponderación de los intereses que han conducido al legislador a desarrollar parcialmente los derechos sociales fundamentales, confiere a ésta la posibilidad de afirmar en concreto la primacía de la Constitución en relación con las inercias "irrazonables" o con los retardos del legislador; por último, porque permite a la Corte conceptuar si determinadas actuaciones iniciales por parte del legislador para la garantía efectiva de los derechos sociales se inspiran realmente en el criterio especial de justicia que constituye la *ratio* propia de cada derecho social (por ejemplo, la selección de los dere-

---

[206] Sobre la utilidad de la fórmula de la "reserva posible" véase también M. Luciani. *La produzione economica, cit.*, p. 238, nota 72 y allí referencias bibliográficas.

chohabientes a la asistencia debe realizarse sobre la base de la necesidad, y no de otros criterios; la de los beneficiarios del derecho a recibir ayuda con becas para acceder a la instrucción superior debe hacerse sobre la base del mérito y de la necesidad, y no de otros criterios).

Por lo demás, sobre todo recientemente, la Corte Constitucional italiana parece encaminada, si bien con la debida sistematicidad, en esta dirección[207], tanto al afirmar, en repetidas ocasiones, el "principio de gradualidad" en la realización de las reformas legislativas y, en especial, de las que implican desembolsos a cargo del presupuesto[208], como cuando advierte al legislador que una cierta reglamentación legislativa se justifica sólo como régimen provisional, anunciando, en caso de excesivo retardo en la adopción de un régimen satisfactorio sobre la materia, un pronunciamiento de inconstitucionalidad (sent. 826/1988, así como 243/1993); como también, por último, cuando juzga contrario a la Constitución el desarrollo parcial de un derecho social en cuanto, en lugar de asegurarlo en concreto, simplemente facilita el goce

---

[207] De nuevo, véase Luciani, *op. cit.*, p. 238, nota 72.
[208] Cfr. por ejemplo las sentencias 33/1975, 126/1976, 113/1977, 2/1978, 134/1982, 349/1985, 173/1986, 1011/1988, 455/1990, 40 y 51/1991, 247/1992, 218 y 304/1994. Más precisamente, a partir de la la sentencia 260/1990 la Corte Constitucional afirma que el valor (derivado) del "equilibrio del presupuesto" representa un elemento que entra en el equilibrio de los valores constitucionales que el legislador debe realizar de manera correcta (ver también las sentencias citadas en la nota 199) y, más tarde, llega a afirmar incluso que la Corte de Cuentas, con ocasión del examen del balance presupuestal, puede plantear cuestiones de constitucionalidad (véase sent. 244/1995).

(sent. 215/1987), o cuando, en relación con la garantía de un derecho social (a la previsión integradora), plantea la cuestión de constitucionalidad respecto de la norma que acuerda el "privilegio" a algunos grupos en nombre de una "socialidad" que no puede separarse de la igualdad (ord. 225/1995 y sent. 421/1995).

Para concluir, hay que observar que la interpretación de los derechos sociales realizada en este lugar sobre la base de un análisis detallado de la jurisprudencia –análisis que se mueve en sentido contrario respecto de la posición tradicional de la doctrina que reduce el problema de la garantía de tales derechos al problema de las normas "programáticas"– tiene una explicación en la evolución histórica que se ha producido simultáneamente. En efecto, la doctrina tradicional no carecía de una cierta justificación en el plano histórico cuando la gran mayoría de los derechos sociales estaba inscrita sólo en la Constitución, sin tener una sólida efectividad. Por el contrario, ahora, tras constatar que para la jurisprudencia constitucional sólo unos pocos de los derechos sociales garantizados por la Constitución –y ciertamente no los más importantes– se consideran derechos "imperfectos", es decir aún no plenamente garantizados en concreto, la configuración tradicional pierde toda razón de ser y todo significado. Como en Alemania, también en Italia la jurisprudencia se revela más atenta que la doctrina al seguir y secundar la evolución jurídica de los derechos sociales, al punto de reconocerlos como "derechos perfectos" aun antes que la doctrina revisara sus posiciones y definiciones.

En cualquier caso, hay que precisar que tampoco los derechos sociales "condicionados" se distinguen de todos los otros derechos sociales en cuanto a su naturaleza o su significado jurídico. Los derechos constitucionales son, ante todo (si bien no sólo), valores: valores a los que se encuentran ligados tanto aspectos garantistas (*Abwehrrechte*) como de intervención positiva por parte de los poderes públicos y de integración social (*Teilhaberechte*), que encuentran su unificación y equilibrio, precisamente, en la estructura de valor que la Constitución confiere a cada uno de ellos[209].

Pues bien, tanto por lo que hace a los derechos de libertad como a todos los otros derechos sociales, incluidos los "condicionados", la estructura de valor que los caracteriza y determina su estructura jurídica está definida en la Constitución (los derechos sociales "condicionados", como se ha recordado, se encuentran "bajo la reserva de lo posible y lo razonable" sólo por lo que se refiere a su desarrollo, puesto que esta reserva presupone lógicamente

---

[209] Véase más ampliamente A. Baldassarre. "Le ideologie costituzionali dei diritti di libertà", en *Democrazia e Diritto*, 1976, pp. 300 ss.; esta posición ha sido acogida también por M. Luciani (*Il diritto costituzionale, cit.*, p. 778) y posteriormente ha sido expresada, de manera independiente y coincidiendo sólo en parte, en Alemania: véase H. P. Schneider. "Carattere funzionale dei diritti fondamentali nello stato costituzionale democratico", en *Dir. Soc.*, 1979, pp. 230 s.; W. Schmidt. *I diritti fondamentali, cit.*, pp. 801 ss.; J. Isensee. *Verfassung, cit.*, p. 367.

que tales derechos se encuentren ya reconocidos y, al menos en Italia, ya garantizados por la Constitución). En ello consiste el fundamento unitario de todos los derechos sociales y su caracterización como derechos constitucionales.

De esta consideración surge un primer elemento para negar que los derechos sociales fundamentales, pese a su variedad de significado y de contenidos, constituyan una categoría puramente descriptiva. En efecto, tienen características comunes que hacen de ellos una categoría autónoma, conceptualmente unitaria. Y esto se puede demostrar, además de con la razón mencionada, también con otras razones. Ante todo, todos los derechos sociales están ligados a un estatus social especial[210]: para muchos de ellos la posesión de este estatus es el presupuesto jurídico de su titularidad (derechos de los trabajadores, de los padres, etc.); para otros, por el contrario –los así llamados derechos sociales del hombre–, el ámbito de vida social se asume como elemento necesario del supuesto en examen y como factor indispensable para el goce de los derechos mismos. En segundo lugar, todos los derechos sociales son también principios constitucionales que rigen la distribución o la redistribución de los recursos económicos, sociales y políticos entre los ciudadanos; son, en otras palabras, el testimonio concreto de la socialidad del

---

[210] Así C. Reich. *The New Property, cit.*, p. 785.

Estado democrático querido por la Constitución y de la síntesis de valores que la sostiene continuamente: aquella entre la libertad individual y la igualdad.

Pero lo que es más importante es que todos los derechos sociales comparten el estatuto típico de los derechos fundamentales, tanto desde el punto de vista de la eficacia como del valor jurídico. Desde este segundo ángulo, en efecto, se trata de derechos irrenunciables, inalienables, indisponibles, intransmisibles y que gozan de un rango primario que, para muchos de ellos, llega hasta una verdadera inviolabilidad. En efecto, así se han definido, hasta ahora, por la Corte Constitucional los "derechos de la familia", la libertad de enseñanza, la libertad de emigración, el derecho a la salud, el derecho a una retribución proporcionada y suficiente, el derecho al descanso y a las vacaciones, la libertad sindical, el derecho a la asistencia, el derecho a la previsión y el derecho a la vivienda (v. *supra*). Y así se deben considerar[211] por lo menos el "derecho al trabajo", que la Constitución incluye entre los principios que cualifican nuestra forma de Estado, el derecho a la educación familiar (por las mismas razones que han inducido a cualificar como inviolables los "derechos de la familia"), el derecho a la instrucción (obligatoria) y el derecho de la mujer a la igualdad de

---

[211] En el momento de publicar este ensayo po rprimera vez la declaración de "inviolabilidad" no había sido extendida a estos derechos por la Corte Constitucional. Hoy , como ya recordamos, la Corte ha realizado esta extensión.

condición o de retribución en el trabajo, en los términos establecidos por el artículo 37.

Desde el punto de vista de la eficacia, la Corte Constitucional ha puesto coto a las incertidumbres de la doctrina[212], al reconocer a los derechos sociales fundamentales la misma eficacia que se reconoce a los clásicos derechos de libertad constitucional. En otras palabras, la Corte Constitucional —como por lo demás los jueces ordinarios y la Corte de Casación— reconoce a todos los derechos sociales que han tenido plena actuación en el ordenamiento legislativo (incluidos los derechos sociales "condicionados", como el derecho a la asistencia y a la previsión) eficacia inmediata frente a terceros, y no sólo frente al Estado, en el sentido que afirma tanto que las obligaciones que nacen del reconocimiento de los derechos sociales vinculan a un mismo tiempo al Estado y a los particulares, como que este efecto se produce de manera inmediata por el solo hecho del reconocimiento y de la garantía y, de ser necesario, del desarrollo de los derechos sociales, sin necesidad de una extensión realizada *ad hoc* por el legislador o deducible indirectamente de cláusulas legislativas genéricas[213]. De ello deriva que todo acuerdo

---

[212] Por ejemplo M. Mazziotti. *Diritti sociali, cit.*, pp. 806 ss.
[213] Desde este punto de vista la jurisprudencia constitucional italiana (para la cual se puede ver, por ejemplo, las sentencias 88/1979, 184/1986, 559/1987 y 202/1991) se distingue de la alemana que, por un inexplicable e incoherente residuo de adhesión a la concepción los derechos públicos subjetivos, sostiene, tanto para los derechos de

en contraste con la garantía de un derecho social se debe considerar nulo y toda cláusula contractual en contrario se debe considerar sustituida *ope legis* por las normas que aseguran en concreto el derecho mismo.

---

libertad como para los sociales, una *mittelbare Drittwirkung*, es decir una eficacia hacia terceros que se explica de manera mediata, a través de la interpretación de las "cláusulas generales" y de los "conceptos indeterminados" del derecho civil: véase *BVerfGE*, 7, pp. 205 ss., así como en doctrina G. Dürig. "Kommentar zu Art. 1, III und Art. 2,I", en Maunz-Dürig-Herzog. *Grundgesetz*, München, 1987, pp. 56 ss. y 127 ss.; W. Leisner. *Grundrecht, cit.*, pp. 306 ss.; K. Hesse. *Grundzüge des Verfassunsrecgt der Bundesrepublik Deutschland*, 4ª ed., Karlsruhe, 1970, pp. 145 ss.; G. Brunner. *Die problematik, cit.*, pp. 15 ss.; sobre este tema véanse también las precisas observaciones de G. Lombardi. *Potere privato, cit.*, pp. 100 ss. y 131 ss.

## ÍNDICE ONOMÁSTICO

**-A-**

Abelein, M. 146
Agro, A. 42
Alberti, Leon Battista 137
Aldo Moro 52, 77
Amato 83
Anschütz, G. 34
Azzariti, Gaet 39

**-B-**

Badura, P. 89, 98, 99, 146, 165, 184, 189, 198
Baldassarre, Antonio 11, 12, 13, 18, 21, 26, 28, 81, 203
Baldassarre, M. 29
Barbera, A. 83, 84, 166
Basso, L. 83
Bazelon, D. 175
Bellomia, S. 177
Benda, E. 46, 51, 55, 62, 64, 78, 87, 89, 194
Berlin, I. 52
Bettermann 39
Birbaun 175
Biscaretti di Ruffia, P. 39, 83
Bismark 24
Blanc, Louis 20
Böckenförde, E. W. 46, 51, 80
Bognetti, G. 70, 86, 126
Borns, Stephan 20
Borsi, U. 111
Brunner, G. 44, 89, 98, 189, 190, 198, 207
Burdeau, George 39, 54

**-C-**

Calamandrei, Piero 29, 76, 80, 84, 95
Cammelli, Marco 111
Capizzano 167
Caravita, B. 79, 80, 83, 86, 87
Casetta, E. 186
Cerri 131

Cervati, A. A. 21, 26
Chiola, C. 167
Cocozza, F. 83, 84
Cole, G. D. 20
Considérant, Victor 20
Corasaniti, A. 165, 167, 169
Corso, G. 83, 84, 91, 105, 106, 107, 125, 131, 177, 179
Crisafulli, V. 41, 42, 46, 60

### -D-

Dahl, Robert 12, 128
Dahrendorf, R. 96
Duguit, L. 16
Dürig, G. 207
Duverger, M. 39

### -E-

Emerson, Thomas I. 12
Esmein, A. 30
Esposito, C. 39, 83

### -F-

Ferrara, G. 80, 81
Fichte, Johann G. 20
Flora, P. 26
Fois, S. 63
Forsthoff, Ernst 39, 40, 45, 50, 55, 61, 63, 64, 65
Fourier, Charles 20
Friedman 27
Friesenhahn, E. 39

### -G-

Galgano, F. 84
Giannini, Massimo Severo 60, 161
Giugni, G. 121
Grayson, C. 137
Grossi 166
Gurtvich, Georges 20
Gurtvitch, G. 49, 96, 99, 120, 127, 129, 130, 138, 159, 166

### -H-

Häberle, P. 64, 198
Hauriou, Andre 39
Heindenheimer, A. J. 26
Herzog 207
Hesse, K. 63, 194, 207

### -I-

Inglehart, R. 28
Irti, N. 165
Isensee, J. 198, 203

### -J-

Jekewitz 80

Jellinek, Georg 44, 185, 186

### -K-

Kant, Immanuel 150
Kaskel, W. 35
Kelsen, Hans 36, 39, 46, 49, 50, 51, 53, 60, 62, 65
Kirchheimer, O. 76
Klein, F. 44
Klein, H. H. 191
Krüger, H. 39

### -L-

Laski, Harold 20, 63
Lavagna, C. 42, 43, 84
Leibholz, G. 37, 38
Leisner, W. 207
Leusser, K. 44
Locke, John 20
Lombardi, G. 42, 207
Lorenz, D. 78
Luciani, M. 40, 166, 167, 169, 172, 174, 184, 189, 200, 201, 203
Lücke, J. 39
Luhmann, Niklas 61
Lund, M. 21

### -M-

Maihofer 46, 194
Mangoldt, M. 44
Maritain, J. 96
Martens, W. 165, 194
Marx, Karl 20
Maunz 207
Mayer, Franz 44
Mazziotti, Manlio 39, 40, 44, 83, 89, 101, 103, 104, 184, 185
Mead, G. M. 164
Mengoni, L. 102, 128
Mereusi 177
Mereusi, F. 177
Merusi 179
Mezzanotte, C. 59
Milazzo, M. 83
Mill, James Stuart 20
Modugno 60
Morelli, A. 30
Mortati, C. 41
Mura 96
Mutius, A. 104, 165, 189, 197, 198

### -N-

Naphtali, F. 127
Natoli, U. 83
Nawiasky, H. 44
Nipperdey, H. C. 35, 39

## -O-

Occhiocupo, N. 80, 81
Offe, C. 21, 26

## -P-

Paine, Thomas 20
Paladin, L. 83
Panunzio, S. P. 83
Pergolesi, F. 83, 111
Pestalozza 199
Prosperetti, U. 102
Proudhon, J. P. 20

## -R-

Ramm 80
Rawls, J. 49, 53, 55, 87
Reich, C. 54, 204
Rescigno, G. U. 39, 40
Rescigno, P. 84, 94, 145
Ricardo 20
Ridola, P. 65
Rivero, J. 39
Romagnoli, U. 79
Romano, Santi 185, 186
Roosevelt, F. D. 24, 166, 176
Rose, Richard 18, 28
Ross, Alf 60
Rossano, C. 83
Ruffini, F. 80
Ruffolo, G. 29
Rupp, H. H. 88, 165

## -S-

Sandulli, A. M. 87, 132, 166
Schambeck, H. 44
Scheuner, U. 39, 62, 64
Schlaich, K. 199
Schmidt, W. 93, 98, 165, 187, 189, 198, 203
Schmitt, Carl 29, 36, 39, 44, 45, 58, 61, 63, 122, 184, 185
Schneider, H. P. 203
Scognamiglio 105, 119, 125
Smend, Rudolf 64
Sorace, D. 177, 179
Starck, C. 198
Suppiej, G. 125

## -T-

Talmon, J. 40
Thoma, R. 34, 44
Tomandl, T. 44, 97
Treu, T. 108, 110, 111, 115, 119

## -V-

Van der Ven, F. 97
Vassalli, G. 95
Vedel, G. 39

Villar Borda, Luis 13
Villone, M. 89
Vogel 46, 194
von Hayek 27
von Ketteler 21
von Marcic, R. 78

**-W-**

Weber, Max 61, 62
Weimar 23, 37, 45, 50

Weitzman, M. 128
Wernicke, K. G. 39
Wieruszovski, A. 35
Wietholter, R. 64
Wildhaber, L. 189
Wilensky, H. L. 24
Wolff, Martin 44, 45

**-Z-**

Zagrebelsky, Gustav 96

**DE NUESTRA SERIE**

1. *Teoría del Discurso y Derechos Humanos*
   Robert Alexy, 1995, 136 pp.

2. *Metodología y Ciencia Jurídica en el Umbral del Siglo XXI*
   Valentin Petev, 1996, 158 pp.

3. *La Paz en la Doctrina del Derecho de Kant*
   Luis Villar Borda, 1996, 114 pp.

4. *Patriotismo, Nacionalismo y Ciudadanía:
   en Defensa de un Cosmopolitismo Cívico*
   José María Rosales, 1997, 278 pp.

5. *La Filosofía del Derecho de Habermas y Luhmann*
   Juan Antonio García Amado, 1997, 204 pp.

6. *Derecho y Argumentación*
   Manuel Atienza, 1997, 138 pp.

7. *Kelsen, la Teoría Pura del Derecho y el Problema de la Justicia*
   Robert Walter, 1997, 122 pp.

8. *Derecho Civil y Filosofía del Derecho. La Libertad en el Derecho*
   Jan Schapp, 1998, 102 pp.

9. *Derechos Humanos: Responsabilidad y Multiculturalismo*
   Luis Villar Borda, 1998, 106 pp.

10. *Rousseau en Kant*
    José Rubio-Carracedo, 1998, 212 pp.

11. *Thomas Hobbes. Filósofo del Derecho y su Filosofía Jurídica*
    Hermann Klenner (trad. Luis Villar Borda) 1999, 180 pp.

12. *Derecho Internacional Humanitario y estado de beligerancia*
    Alejandro Ramelli Arteaga, 1999, 148 pp.

13. *La doctrina del Derecho de Hans Kelsen*
    Robert Walter (trad. Luis Villar Borda), 1999, 98 pp.

14. *Validez, lógica y derecho*
    Carlos Alarcón Cabrera, 1999, 214 pp.

15. *El garantismo y la filosofía del derecho*
    Luigi Ferrajoli (trad. Gerardo Pisarello y Alexei Julio Estrada), 2000, 198 pp.

16. *El derecho como creencia. Una concepción de la filosofía del derecho*
    Xacobe Bastida Freixedo, 2000, 304 pp.

17. *Fundamentación crítica de la doctrina de Hans Kelsen*
    Stanley L. Paulson (trad. Luis Villar Borda), 2000, 196 pp.

18. *La pretensión de corrección del derecho.*
    *La polémica Alexy/Bulygin sobre la relación entre derecho y moral*
    Robert Alexy y Eugenio Bulygin (trad. Paula Gaido), 2001, 127 pp.

19. *Patriotismo constitucional*
    Dolf Sternberger (trad. Luis Villar Borda), 2001, 173 pp.

www.ingramcontent.com/pod-product-compliance
Lightning Source LLC
Chambersburg PA
CBHW071842230426
43671CB00012B/2040